河北省能源发展低碳与节水路径研究

林　刚　江　东　付晶莹　著

气象出版社
China Meteorological Press

内容摘要

本书围绕区域能源消费影响下的碳排放和水资源消费趋势预测与如何实现低碳与节水目标方面展开的深入分析，针对能源消费、碳排放峰值预测、水资源消费与节能减排措施等问题主要开展了四个方面的研究工作，构建的模型或定量研究方法包括：能源系统流动模型、构建“自下而上”的终端能源消费模型与水资源消费模型。

图书在版编目(CIP)数据

河北省能源发展低碳与节水路径研究/林刚，江东，付晶莹著．—北京：气象出版社，2019.8

ISBN 978-7-5029-7035-2

Ⅰ．①河…　Ⅱ．①林…　②江…　③付…　Ⅲ．①低碳经济—区域经济发展—研究—河北　②节约用水—关系—区域经济发展—研究—河北　Ⅳ．①F127.22

中国版本图书馆CIP数据核字(2019)第184735号

HEBEISHENG NENGYUAN FAZHAN DITAN YU JIESHUI LUJING YANJIU

河北省能源发展低碳与节水路径研究

林　刚　江　东　付晶莹　著

出版发行：气象出版社

地　　址：北京市海淀区中关村南大街46号　　邮政编码：100081

电　　话：010-68407112(总编室)　010-68408042(发行部)

网　　址：http://www.qxcbs.com　　E-mail：qxcbs@cma.gov.cn

责任编辑：蔺学东　　终　　审：吴晓鹏

责任校对：王丽梅　　责任技编：赵相宁

封面设计：楠竹文化

印　　刷：北京中石油彩色印刷有限责任公司

开　　本：787 mm×1092 mm　1/16　　印　　张：9.25

字　　数：230千字　　彩　　插：3

版　　次：2019年8月第1版　　印　　次：2019年8月第1次印刷

定　　价：55.00元

前　言

河北省是我国能源大省，近年来能源发展较快，各项目标任务基本完成，较好地保障了全省经济社会发展需求，行业发展运行总体呈现供需基本平衡、结构持续优化、效率明显提高的发展态势，为“十三五”以及今后一定时期能源发展奠定了较好的基础。然而，在国内外能源发展变革大潮中，河北省能源发展还处于相对落后地位，与全省经济社会发展要求还不适应，特别是面对京津冀协同发展、北京携手张家口举办冬奥会、雄安新区成立、大气污染防治等新形势、新任务，河北省能源长期积累的一系列深层次矛盾和问题日益突出。因此，本书围绕区域能源消费及其资源环境影响与如何实现低碳与节水双重目标等方面展开了深入分析，重点针对河北省能源消费影响下的碳排放和水资源消费趋势预测以及资源环境约束下的能源发展路径等问题开展了四个方面的研究工作：构建了河北省2015年能流图（网络图），系统分析了河北省能源供给、流动、消费现状；构建了LEAP-Hebei模型，定量分析了河北省经济发展、产业结构调整与科技创新对未来能源需求以及CO_2排放的影响；基于“自下而上”的水资源消费需求模型，探究了多情景下河北省2016—2050年能源消费结构变化对能源生产过程中水资源消费的影响；针对河北省的能源发展低碳化与节水化路径提出了对策和建议。

全书共分为8章，第1章为绪论（由中国科学院地理科学与资源研究所江东研究员撰写完成），重点讲述了本书的研究背景意义、结构安排、技术方案与创新之处；第2～6章（由中国矿业大学（北京）林刚博士撰写完成）系统梳理了能源—环境—水资源系统研究框架体系，对社会发展系统中能源、经济、环境、水资源子系统之间综合平衡、协调发展以及交互作用程度的测算方法和模型进行了深入研究；通过构建能源系统流动模型、“自下而上”的能源消费模型与水资源消费模型，完成了河北省能源供需平衡分析、未来多情景下河北省能源消费预测及其对碳排放和水资源消费的影响分析；第7章为河北省能源发展低碳与节水发展路径分析

（由中国科学院地理科学与资源研究所付晶莹副研究员撰写完成），主要以第 5 章和第 6 章不同情景下的能源碳排放与水资源消费量估算结果为基础，从三个层面提出了河北省的资源环境统筹优化（低碳与节水）途径；第 8 章为主要结论及展望章节（由中国科学院地理科学与资源研究所江东研究员及付晶莹副研究员共同撰写完成），主要围绕研究成果进行凝练，提出书中研究不足和进一步的研究重点。

由于研究话题涉及学科领域相对宽泛，作者在撰写过程中也花费了很多功夫，力求全面与完整。但尽管如此，就目前看来书中仍然存在不少需要更新或补充的地方，期待在后期的工作中逐步改进、完善。书中有不妥之处，敬请读者批评指正。

作　者

2019 年 6 月

目　录

第1章 绪 论

1.1 研究背景及意义

改革开放以来,我国城镇化的快速推进是建立在土地高扩张、资源高消耗和“三废”高排放的基础上,伴随着工业化进程的加速,我国城镇化进程快速推进,持续大规模的国土资源开发带来了一系列生态环境问题:经济发展城镇化的资源环境代价大、土地依赖性强,资源环境约束趋紧。为有效保护城市生态资源和生态格局,防止城市建设的盲目扩张和无序蔓延,从生态优先的角度对国土空间的关注和研究越来越多[1]。近年来,国家的一系列纲领性文件也逐渐明确了坚持生态优先的国土空间开发理念。党的十八大准确把握国内外发展大势,从全局和战略的高度提出:“把生态文明建设放在突出地位,融入经济建设、政治建设、文化建设、社会建设各方面和全过程,努力建设美丽中国,实现中华民族永续发展”[2]。报告把“美丽中国”作为未来生态文明建设的宏伟目标。建设“美丽中国”必须以生态文明为依托,通过建设资源节约型、环境友好型的“两型”社会,打造“生产空间集约高效、生活空间宜居适度、生态空间山青水秀”的美好家园,并在此基础上,全面推进我国经济建设、政治建设、文化建设、社会建设以及生态文明建设“五位一体”总体布局的协同推进和全面发展[3]。

面对资源约束趋紧、环境污染严重、生态系统退化、自然灾害影响加重的严峻形势,加强生态文明建设是破解资源环境瓶颈制约、实现可持续发展的内在要求,是满足人民群众过上更好生活新期待、建设美丽中国根本战略需求所在[4]。然而,由全球气候变化带来的冰川消融、极端天气、海平面上升、物种灭绝以及各种自然灾害的频发,已经使社会发展中的粮食安全、能源安全和生态环境安全等面临直接的严峻威胁。因此，在目前面临的重要挑战下，尤其是全球气候变化，已经成为国际社会公认的全球环境问题，并引起了普遍而广泛的关注[5-7]。大量的研究表明，引起全球气候变化的人类活动影响主要有两方面的表现：一是因煤炭、石油和天然气等化石燃料为主的传统能源生产与消费引起的碳排放和水资源消费现象[8,9]；二是因全球气候变化和土地利用/覆盖变化也同时导致许多地区水资源短缺和温室气体大量排放现象[10-13]。

河北省是我国能源大省，“十二五”时期，河北省能源发展较快，各项目标任务基本完成，较好地保障了全省经济社会发展需求，行业发展运行总体呈现供需基本平衡、结构持续优化、效率明显提高的发展态势，为“十三五”能源发展奠定了较好的基础[14]。具体有以下几方面特点。一是能源生产稳中有升。煤炭、石油、天然气等一次能源生产维持平稳，电力等二次能源加工较快增长。2015 年，河北省煤炭产量 8215 万 t、石油 580 万 t、天然气 10.4 亿 m^3，与 2010 年基本持平；电力装机 5836 万 kW、发电量 2301 亿 kWh，分别比 2010 年增长 38.5%和 11.5%。二是能源消费低速增长。总量和单耗双控、调结构去产能、节能改造等成效明显，2015 年，河北省能源消费总量达 2.94 亿 t 标准煤，比规划目标节省 0.56 亿 t，能源消费弹性系数降至 0.27。三是消费结构持续优化。2015 年，河北省煤炭消费比重仍然很高，实物消费量由 2012 年峰值 3.18 亿 t 降至 2.89 亿 t；天然气由 2010 年 30 亿 m^3 增至 85 亿 m^3，比重达到 3.3%；风电装机 1022 万 kW、光电装机280 万 kW，一次电力发电量达 213 亿 kWh，非化石能源消费比重达到 3.05%，比 2010 年提高了 2 个百分点。四是利用方式加快转变。节能减排不断深化，清洁高效利用明显加快，单位 GDP 能耗“十二五”期间累计下降 25.2%，燃煤发电基本实现超低排放，汽柴油质量开始全面升级到国 V 标准；电网、油气管网、应急调峰等基础设施建设也取得显著成效[15]。

但是，在国内外能源发展变革大潮中，河北省能源发展还处于落后地位，与全省经济社会发展要求还不适应，特别是面对京津冀协同发展、北京 2022 年冬奥会、雄安新区建设、大气污染防治等新形势、新任务，河北省能源长期积累的一系列深层次矛盾和问题日益突出，主要表现为“三低一重”。一是安全保障能力低。一次能源省外依存度高，2015 年，煤炭、石油、天然气省外净调入量分别达 72%，65%，88%；二次能源加工能力不足，电力高峰缺口 500 万 kW，成品油净调入量近 300 万吨；基础设施存在明显短板，电力、天然气等输入通道建设水平有待提升，燃气及热力管网、电力及天然气调峰设施等短板明显。二是供需结构层次低。供需平衡严重依靠煤炭,"一煤独大"特征显著,2015年煤炭消费占比仍然高于全国平均水平,天然气、非化石能源消费比重分别低于全国平均水平,河北省能源发展还处于油气替代煤、非化石能源替代化石能源梯级演进过程的底端。三是综合利用效率低。能源利用方式依然粗放,生产消费系统能效落后,单位GDP能耗比全国平均水平高35%。四是生态环境污染重。煤炭消费总量大、方式落后,电煤比重低于全国14个百分点,分散燃煤4000余万吨,直燃、直排大量存在,已成为大气污染及二氧化碳排放的重要源头。随着科学技术的不断快速发展以及经济的高速增长,人类活动和生产需要大量的能源来支撑[16]。粗放型发展模式是导致河北省能源消费结构不合理、环境污染较重等问题的主要原因,能源危机也已日益出现,全省过去的资源优势已日渐消失[17]。"十三五"是中国能源、经济实现低碳转型的关键时期,保证充足有效、优质清洁的能源供应是适应新常态、发展低碳经济的根本基础[18]。所以,在地区协同发展不平衡、环境约束趋紧、资源环境风险上升的背景下,无论是发展低碳经济,还是保障能源安全,开展能源与资源环境的可持续发展研究都非常有必要。

另外,从理论的角度来看,本书对河北省能源消费各方面进行全方位的实证分析,有助于增进对河北省能源消费状况的了解,可以较科学地预测未来的河北省能源需求状况,这对于河北省能源发展及节能战略的研究具有重要的理论价值。同时也有助于丰富区域能源可持续发展的理论体系。本书在借鉴国内外理论成果的基础上,提出了河北省节能减排的对策建议,在区域能源可持续发展以及节能减排的理论体系上有新的突破和成果。从现实意义来看,河北省是一个人口稠密、资源稀缺的省份,能源的可持续发展对于河北省经济、社会与自然环境的协调发展,实现节能降耗以及控制环境污染至关重要。河北省经济总量在全国位居前列,同时能源消费量也居前列。经济发展需要能源来支撑,但是能源消费所产生的环境问题越来越引起广泛的关注,能源消费的快速增长已经成为河北省的发展建设制约因素。另外,河北省日益尖锐的水资源供需矛盾已经成为影响社会经济可持续发展和生态建设的主要制约因素,"南水"引入之后虽然缓解了水资源的短缺,但工业用水问题甚至生态用水问题还将存在很长一段时间。因此,提高能源经济效率、降低能源消费总量,已成为河北省社会经济发展的当务之急。河北省必须实施能源的可持续发展战略,建立多样、安全、清洁、高效的能源供应和消费体系，为全面实施“十三五”规划和完成联合国可持续发展目标提供良好保障。本书研究成果不但可以为河北省能源战略规划提供理论指导，对于实现河北省能源与水资源可持续发展具有一定的借鉴意义，而且对于加快河北省产业结构调整、服务于“美丽中国”建设具有现实意义。

因此，面向我国生态文明建设的迫切应用需求，本书基于河北省能源发展战略规划，整体统筹、长远规划，在多角度、多维度、多环节、多因素、多层次的视角下，以地理学和生态学理论为指导，重点开展河北省能源消费、碳排放与水资源消费之间的纽带关系研究，立足社会发展需求，紧跟国际研究前沿，为区域可持续发展提供科技支撑。

1.2 国内外研究进展

1.2.1 能源消费问题研究进展

定性分析和定量分析是对能源消费结构研究的两种不同的方法。而出发点的不同则是国内和国外学者在研究上的区别。

国外学者在研究时通常都是采用实证分析的方法，通过搜集一些国家和地区的能源使用数据，通过这些数据来探究能源之间的替代和互补关系。例如，Cho就通过搜集了韩国的能源季度数据后，分析出韩国的不同能源间的替代关系[19]；Harvey 和 Marshall 很早之前就对英国的能源替代和互补关系进行了数据分析[20]。

有关能源消费与经济增长的关系的研究国外最早缘自 Kraft J. 和 Kraft A. 的研究项目，通过格兰杰因果检验，两位研究人员发现美国存在从 GNP 到能源消费的单向因果关系[21]。之后越来越多的能源经济学的学者开始对该问题进行更深入的研究，例如，Apergis 和 Payne[22] 对 20 个经合组织（OECD）国家 1985—2005 年的可再生能源消费与经济增长之间的关系进行了时间序列分析，协整检验结果表明，实际 GDP、可再生能源消费、实际固定资本形成以及劳动力之间存在长期均衡关系；格兰杰因果检验结果表明，无论是从短期还是长期来看，可再生能源消费与经济增长之间都存在着双向因果关系；由于误差项的非正规性会破坏 Toda-Yamamoto过程的有效性，因此Yildirim和Aslan[23]运用基于渐近临界值的Toda-Yamamoto因果检验及自修正因果检验，分析了17个高度发达的OECD国家的能源消费、经济增长、就业及固定资产形成总额之间的关系，分析结果发现，有些国家的能源消费与经济增长之间存在单向因果关系，有些国家存在双向因果关系，还有些国家不存在因果关系，若存在着从能源消费到经济增长之间的关系，无论是单向的还是双向的，在总体水平上，这些国家不应遵循节能减排政策，因为降低能源消耗有损经济增长[24]。

与国外学者不同的是，我国的学者在能源消费结构研究时所采用的方式前期主要是以定性为主，在对我国的产业结构以及能源安全因素等情况进行综合研究之后，对能源消费结构的建立以及调整进行探究。例如，邱立新等在经过反复的研究探讨之后针对我国能源结构建立了一种能够对其优化的多目标规划模型，其目的是要实现经济增长的同时保证环境能够得到保护，找出可能完善能源结构的方法[25]；韩文科等探究了在2000年到2030年的30年间，在特定的情境中能够对能源消费结构做出优化的方案，该研究主要应用了IPAC/AIM中国能源环境综合政策评价模型[26]。马红燕则针对我国能源消费结构转移做出了马尔科夫链研究[27]。而管卫华等则是运用动力模型，对中国能源消费结构做出预判以及模拟，模拟效果显著[28]。也有许多学者立足某一地区进行能源消费结构的研究，例如，兰国栋只针对乌鲁木齐地区进行了终端能源消费结构和在供暖期间存在于空气中PM_{10}为4%浓度间的相关性两个因素之间的关联[29]；谢乃明等则研究了江苏省能源消费结构现状[30]；钟晓青等选取了广州市作为研究对象，研究了自1980年到2004年之间的能源消费、能源结构以及国民生产总值数据，并找出了两者之间的联系[31]。

目前国内对能源结构优化的研究也还算起步阶段，这主要是由于我国长期以来能源消费结构相对不合理。以煤为主的能源消费结构导致我国能源效率低下、碳排放较高、生态环境压力大，可持续发展面临严峻挑战[32]，基于此，不少学者对能源消费预测及其优化提出了自己的看法。J. Fan等介绍了中国的能源问题，讨论了实施可再生能源投资组合标准（RPS）政策的国际经验，展望了中国实施该策略的前景，建立了可再生能源的简明定义，并定量分析了潜在的可再生能源目标，最后运用RPS政策提出了中国能源结构优化途径[33]；罗斐和罗婉婉分析了中国能源消费结构优化的主要问题，并从管理、技术、政策三方面提出了相应的对策建议[34]；徐东等及刘振元在低碳经济视角下分析了我国能源消费现状并各自提出了能源结构优化的对策[35,36]；徐军委和刘志华首先运用灰色系统模型预测了我国能源消费总量，根据预测结果对能源结构进行了优化[37]；孙晓鑫和孔微巍从一次能源消费入手，分析了一次能源消费量与经济增长之间的关系，对一次能源消费结构进行了优化[38]；濮洪九针对我国以煤为主的能源结构，提出了发展洁净煤技术，推动了实现产业化的能源结构优化关键措施，并根据我国国情，提出了洁净煤发展方向和目标的相关政策法规[39]。张炫炫及张春莲分别分析了我国“十二五”期间以及河北省的能源消费结构，并构建了能源结构优化的多目标决策模型，采用遗传算法对优化模型求解，最后对能源结构优化及能源发展提出了相应的政策建议[40,41]。

1.2.2　能源消费碳排放研究进展

近年来经济的快速发展造成能源被大量消费，并释放出大量二氧化碳，进而引发的一系列环境问题引起了国内外一些研究者的广泛关注，为此很多研究者对能源消耗带来的环境等有关问题进行了系统的分析研究，例如，研究影响能源需求的因素；研究模型理论并对一个地区甚至小到一个行业的能源消耗量进行预测；研究能源相关的二氧化碳排放量；研究经济增长、经济结构、能源强度、GDP 等二氧化碳驱动因素等[42]。Ashfaq 等学者用聚合分解法对印度 1971—2014 年的能源消费、碳排放与经济增长的关系进行了分析，分析得出三者之间具有正相关的关系[43]。Loesse 等学者探讨了撒哈拉以南 12 个非洲国家的长期能源消费、二氧化碳排放和经济增长之间的因果关系，得出能源消费和经济增长导致二氧化碳排放[44]。Ben 等学者利用面板协整模型和格兰杰因果检验研究了 5 个北非国家 1980—2011 年的人均可再生能源、农业增加值、二氧化碳排放量、国内生产总值(GDP)之间的动态关系，得出增加 GDP 及可再生能源消费量会增加二氧化碳排放量，而增加农业增加值将减少二氧化碳排放量[45]。Zhang 等采用混合输入输出算法来研究中国建筑行业生命周期能源消费与碳排放量的关系，为中国建筑业的可持续发提供了对策措施[46]。Liu 等应用 SBM(Slacks Based Measure)模型分析了中国省级不同能源结构特点下的碳排放强度[47]。Zhang 等学者利用 LMDI 模型研究了影响中国二氧化碳排放强度的驱动因素，其主要是能源强度、能源结构、能源消费技术等对二氧化碳排放强度的影响[48]。Adeolu 等学者利用联立方程模型（Simultaneous Equation Model）与三阶段最小二乘法（Three-Stage Least

Squares)并以西非为例分析研究生物质能源消费、经济增长与碳排放的关系，研究表明其三者有着相互作用的关系[49]。Zhong 等学者分析了黑龙江省与石油能源消耗相关碳排放的驱动因素，得出 GDP 是其主要影响因素[50]。徐家鹏利用 Holt-Winter 无季节性模型，并基于对中国 1985—2012 年农业能源消费数据的分析，预测我国“十三五”期间农业能源消费量及碳排放量，根据所得结果提出相应减排措施[51]。高长春等运用 ESTDA 框架，从时空耦合的角度研究了中国能源消费碳排放时空格局动态性[52]。尹敬东等利用 LEAP 模型预测江苏省 2015—2050 年能源需求量和碳排放量，分析江苏省能否率先实现节能减排目标[53]。田雷应用 LMDI 分解方法对吉林省碳排放的驱动因素进行了分析，同时采用系统动力学模型对新常态下吉林省碳排放趋势进行了研究[54]。王虹等利用协整与误差修正模型以及能源和环境库兹涅茨曲线理论研究了北京制造业增加值与能源消耗量及二氧化碳排放量的关系[55]。刘晴川等采用 STIRPAT 碳排放模型，基于 9 种情景预测了重庆市 2013—2050 年与化石能源消耗相关的二氧化碳排放峰值[56]。于洋在全国视角下研究了吉林省二氧化碳排放现状、二氧化碳排放竞争力及时间演变特性，并分析了各个驱动因素的变化趋势[57]。方齐云等以武汉市为例，对二氧化碳排放和经济增长进行了脱钩弹性分析[58]。

1.2.3 能源与水纽带关系问题研究进展

2012 年世界水论坛会议上提出水能框架，2014 年世界水日发布有关水与能源报告，呼吁各国政府需要在制定能源发展政策时，要考虑当地的水资源承载能力。水与能源问题引起全球关注，目前国内外对于水与能源的研究更多地集中在能源开发过程中水资源的利用情况，包括传统能源的开发和新能源的开发、水资源开发利用过程中的能源消耗情况[59]。而水与能源系统关系的研究主要是从经济角度、物理机制和管理决策等方面来展开，以环节用水和能源消耗之间的相互关系为基础来进行部门发展、政策制定、战略布局等分析[59]。

(1)能源生产与水资源消费需求

水足迹的概念出现在 21 世纪初，是荷兰学者 Hoekstra 教授在完善和发展虚拟水理论的基础上提出的，能够真实地反映社会经济活动单元对水资源的需求和占用情况[60]。水足迹具体是指任何已知人口(一个国家、地区)在一定时间内因消费产品及服务所需要的水资源数量[61]。目前的研究主要利用水足迹来定量化采掘行业、电力生产及生产燃料过程的水资源利用情况[62]，如煤炭、天然气、原油、铀、生物质燃料的生产、转化、分配及利用过程的水足迹[63]。Gerbens-Leenes 等估算煤的各种生产工序用水量约为 0.164 m^3/GL，且地下开采作业的煤炭用水量大于露天开采；原油平均用水量约为 1.058 m^3/GL[64]。世界能源组织预计北美及中美的非传统原油生产将会增加，其耗水量是传统原油生产过程的 2.5～4 倍[65]。Webber 等研究美国整个国家火电行业平均每生产 1 kWh 电量的取水量超过 80 L，而耗水量则为 2 L[66]。但火电厂的取水量和耗水受发电厂所使用的燃料类型、电力循环方式以及冷却方法影响[67]。Ayres 研究了德国运输燃料的水足迹，发现如果德国公路运输部门实现 10%的生物质燃料混合使用，将导致燃料运输部门的水足迹增加 64%[68]。中等收入国家发电厂的用水量较少，农业部门的用水量较多；而高收入国家则正好相反[69]。

一些学者也对中国能源开发利用的用水情况进行了研究。对于传统能源的开发利用，宋轩等通过对中国火电厂取水量的统计，分析了火力发电取用水的现状和特点，并预测了火电取用水定额为 16.8 kg/(kW · h)[70]。左建兵等对北京市的 5 家电力企业进行调查，发现间接冷却水占电力行业用水构成的 95%左右[71]，发展高效冷却水技术是火力发电节水技术的重点。尚毅梓等分析了西部能源基地的水供应情况，发现西北地区无法充分满足燃煤火电行业的用水量[72]。除了传统能源生产，也有研究对新能源开发利用的用水关系进行研究。王婷等从全生命周期的角度分析了油菜籽生物柴油耗水量，生产 1 t 油菜籽生物柴油总耗水量为 4391 t[73]。为实现中国生物质燃料 2020 年发展目标，中国需要投入 5%～10%的耕地以及每年 32～72 km^3的用水量，当前的生物质燃料发展路径可能对中国的粮食供应、贸易及环境产生重大影响[74]。

(2)水与能源协同关系研究分析

水与能源之间复杂的相互关系主要体现在生产、运输和消费三个环节，并且随着气候变化、工业发展和人口增加对水和能源的需求增长，加强了这种相互作用。从环境角度来看，Mimoune 等认为气候变化的最大原因之一是燃烧化石燃料，同时，气候变化正在对未来的水供应产生不确定性，这将影响未来长期的水和能源安全，水与能源关系更加尖锐[75]。从技术层面描述水与能源的关系，Bertrand 提出家庭、酒店等终端用水户的热水需求模型与相关的能量消耗，并以阿尔泽特河畔埃施为研究区，通过实地测量、细化研究成果来评估城市能源和优化[76]；

DeNooyer 等以地理信息系统模型基础，将热电厂数字空间数据集与基本工程原理相结合，并量化热电厂的取水量和功率消耗，来预测热电厂的用水需求[77]；这类研究主要回答节能是否带来节水，节水的同时能否达到节能的问题[78]。从经济维度来看，主要是讨论水价和电价价格补贴和关税结构的问题，例如，Malik 等分析印度对电价高度补贴，导致过度开发地下水资源，从而带来环境危害[79]；Topi 等分析意大利博洛尼亚实行绿色转型战略对水资源和能源的需求情况[80]。水与能源是社会的基础物资，其相关政策的执行不可避免地会带来社会影响[81,82]。2011年中央一号文件《关于加快水利改革发展的决定》提出对水资源进行优化配置；最严格水资源管理制度对水量、用水效率和水质提出目标，将水资源、经济和环境融为一体[83]。国内学者也开始关注在中国经济保持高速增长的背景下，资源利用模式以及水资源稀缺性对其的影响[84]。在目前能源结构中，虽然煤炭开采、洗煤、燃煤发电、冷却、除尘等，需要消耗大量的水资源，减少煤炭的使用会节省大量的水资源[85,86]；但是利用可替代能源同样需要消耗大量的水资源。例如，内陆核电厂耗水量约为同容量火电厂的1.5倍左右，滨海核电站两台CPR1000核电机组用水量为 $2.25\times10^6\ m^3/a$[87]。而中国为实现2020年天然气和页岩气的年产量达到4000亿 m^3，仅是开采环节就要每年消耗150亿 m^3 淡水[88]。发展风能、太阳能、水能等清洁型能源可减少二氧化碳排放，而且节约水资源[89]，水资源和能源的管理具有一定的协同效益，节能减排目标的实现使得使用水目标也将取得进展[90]，但是不同部门节能的节水效果差异很大，为了最大限度地发挥水—能协同效应，应在关键工业部门推广能源和水资源保护技术[91]。

1.3 结构安排与技术方案

1.3.1 结构安排

本书围绕区域能源消费影响下的碳排放和水资源消费趋势预测与如何实现低碳与节水目标方面展开的深入分析，主要针对能源消费、碳排放峰值预测、水资源消费与节能减排措施等问题开展了四个方面的研究工作，构建的模型或定量研究方法包括：能源系统流动模型、构建“自下而上”的终端能源消费模型与水资源消费模型。本书主要包括以下 4 个部分的研究内容。

(1)河北省能源供应与需求现状综合分析

通过构建河北省能流系统模型,应用系统和过程(环节)分析方法,可视化地描述河北省 2015 年能源系统的能源供给、流动、消费现状,进而估算能源系统各环节的能源有效利用量和损失量,以及能源系统的总有效利用量和损失量。旨在系统反映河北省能源系统从能源生产到最终使用过程的全貌,也便于根据不同需要,对某一部门的能源消费结构、利用状况和节能潜力进行综合分析。

(2)河北省能源消费与碳排放趋势预测分析研究

构建"自下而上"的终端能源消费 LEAP-Hebei 模型,定量分析河北省经济发展、产业结构对未来能源需求的影响,完成约束性节能目标时河北省 2016—2050 年的能源需求结构变化。从峰值控制视角,结合情景分析,深入探讨研究能源结构与产业结构变化下对区域碳排放峰值大小与时间的影响,主要分两个层次:一是能源结构与产业结构单独变化情况下对碳排放峰值的影响,二是能源结构与产业结构协同调整变化情况下对碳排放峰值的影响,并进一步对比分析单独与协同调整对碳排放峰值影响的差异,为经济快速发展、区域生态环境建设提供科学的参考。

(3)河北省能源生产和转化过程中的水资源需求分析

构建基于"自下而上"的水资源消费需求模型,结合情景分析,深入探讨研究约束性多目标下河北省 2016—2050 年的能源需求结构变化对水资源消费的影响,主要分为两个层次:一是能源结构与产业结构单独变化情况下能源生产与转化过程中对水资源的影响,二是能源结构与产业结构协同调整变化情况下能源生产与转化过程中对水资源的影响,并进一步对比分析单独与协同调整对水资源消费影响的差异,为河北省用水结构持续优化、用水方式明显转变提供科技支撑。

(4)河北省低碳、节水双重约束下的能源发展路径分析

基于河北省能源的供给与需求趋势预测与分析,从政策的调控入手,研究河北省能源消费结构的低碳化与节水型发展路径的制定原则,从经济发展、产业结构与科技创新三个层面研究河北省能源供给与需求结构低碳化与节水型发展路线及主要内容,最终建立河北省能源供给与需求结构低碳化与节水型发展路线的制定模式;并在分析河北省能源发展格局以及低碳、节水发展潜力基础上,提出适合河北省能源消费低碳化与节水型的可持续发展政策建议,为城镇建设、人口规

模、产业结构和布局等经济社会发展要素与水资源、环境要素协调发展的河北省生态文明建设提供决策支持。

1.3.2 技术方案

本书基于能源经济学、资源科学与战略管理理论，围绕河北省节能、减排、低耗水的可持续发展目标，系统开展了河北省能源消费总量及各构成部分的趋势预测及其对水资源与环境的不同影响，通过多情景模拟分析方法估算未来能源消费结构理论框架下的碳排放总量与水资源消费量，据此得出可靠的定量结果和实证结论，结合分析结果对河北省目前的能源消费及其构成做出评价，并提出对其优化调整的相关建议，为有关能源政策和节能战略的制定提供依据，技术路线如图 1-1 所示。

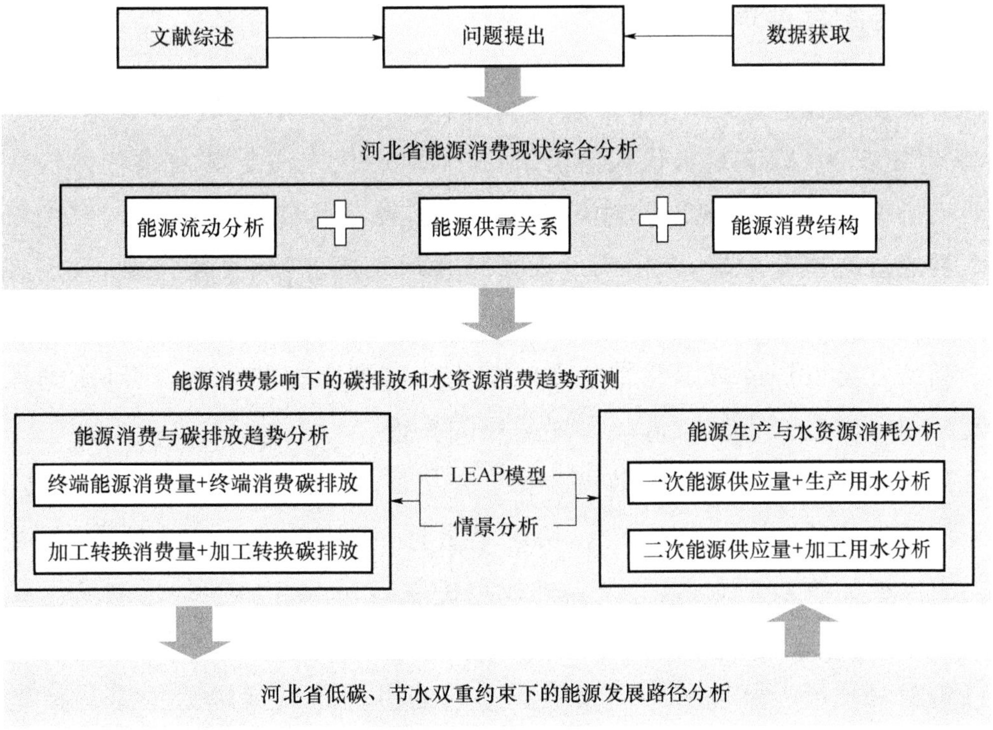

图 1-1 技术路线图

Figure 1-1 The technology roadmap of the study

第 2 章 理论基础与模型方法

2.1 理论基础

2.1.1 可持续发展理论

可持续发展概念是在 1987 年联合国世界环境与发展委员会(WCED)上提出来的,将其定义为:既满足当代人的需求,又不对后代人满足其需求能力构成危害的发展[92]。联合国环境规划署对其定义有所扩展,还包括绝不侵犯国家主权。可持续发展的核心也是发展,为了满足人类日益增长的物质、文化需要,我们必须要大力发展,是要经济与生态环境共同发展,而不是经济的粗放式增长。但是当代人为了满足自身发展的需求常常忽视对后代人需求能力的影响,所以正确理解可持续发展的本质是探索城市低碳发展路径的关键。

可持续发展涉及多方面的协调发展,一方面,发展是核心,追求经济的发展,提高人们的生活质量[93];另一方面,协调是目标,协调好人与自然的友好发展,自然是人类发展的物质基础,人类是自然发展的精神沉淀。人类的发展要以自然的承受能力为限,减少资源的浪费,降低对环境的污染,禁止破坏大自然的平衡,追求人—资源—社会—环境的共同发展。本书的可持续发展理论主要是指以经济快速增长为前提,不牺牲当代及后代满足其发展的能源、环境为原则,减少城市 CO_2 排放量为特点,实现资源—环境—经济的共同进步。

2.1.2 能源—经济—环境理论

随着人类的发展、科技的进步,各国学者对经济—环境、能源—经济和能源—

环境二元系统研究的不断深入，在更深入探讨一些相关问题时，无论是经济和环境二元体系，还是能源和经济二元体系，都无法进行更深入全面系统的研究工作[94]。20 世纪 80 年代以后，随着可持续发展观的提出并不断完善，人类对能源、环境、经济认识程度的加深，人们逐渐意识到，只有把能源、环境、经济纳入到一个整体中去研究，才能更加全面、深入、系统地了解它们之间的作用机理。于是，国际上许多能源研究和环保机构开始联手和经济学家合作，构建能源(Energy)—经济(Economy)—环境(Environment)3E 系统研究框架体系来分析三者之间的发展规律与内在联系，展开对 3E 系统综合平衡和协调发展问题的研究[95]。1984 年，原国家计委和原国务院能源办牵头组织了全国近 70 名专家学者，启动了历时 5 年的中国“广义能源效率战略工程”项目，试图探寻一种既有利于能源供应和环境保护，又不制约经济发展的新战略，拉开了“能源—经济—环境”协调发展问题研究的序幕。

能源—经济—环境系统的研究主要是指为实现社会发展系统中能源、经济、环境三个子系统之间综合平衡与协调发展，对各子系统之间交互作用程度测算方法和模型的研究。关于 3E 系统最早的研究，国外是以经济手段制约能源浪费使用以达到保护环境为目的。其中，20 世纪 90 年代由欧盟研究机构合作开发的 SOLFEGE/GEM-E3 模型最具代表性。21 世纪初期日本长冈理工大学所开发的能源—经济—环境模型，共包含 631 个方程，并在模拟宏观经济、能源、环境三者关系的基础上，预测其发展趋势，为能源长期战略规划和政策的制定提供参考信息[96]。

此后，3E 系统协调发展的研究受到越来越多学者的关注。借鉴国外模型发展经验，张阿玲在部门活动水平分析、计量经济分析和线性规划分析方法的基础上构建了 3E 一体化模型，用来研究温室气体减排技术选择和减排对经济的影响[97]。王仲瑀借助模型和情景分析法对黑龙江省的能源开发、利用以及能源节约和综合利用状况展开讨论，分析了今后能源可持续发展中可能存在的问题[98]。本书基于 3E 理论体系，借助 LEAP 模型和情景分析法对河北省能源供给与消费过程中对环境和水资源的影响状况进行综合分析。

2.1.3　低碳理念

低碳发展的概念，目前学术界尚未达成共识。目前多数学者认为“低碳发展”

与“低碳经济”是一个意思的两种不同说法，在介绍“低碳发展”时论述的都是“低碳经济”。也有的学者是单独介绍或定义“低碳发展”，例如，诸大建等认为“低碳发展”是一种量的关系，是指社会经济发展与 CO_2 的排放趋向于绝对脱钩，以实现经济增长的速度大于 CO_2 排放的速度或 CO_2 绝对量的减少[99]。楚春礼等认为“低碳发展”是以经济快速发展为前提，实现社会和生活质量较好的发展，且能源消费水与 CO_2 的排放量维持在较低水平上[100]。部分研究人员认为“低碳发展”是一种新的经济社会发展模式，以实现碳总量低水平排放作为主要目标。苏伟认为“低碳发展”的内涵主要是根据研究者所要研究的问题而变动的[101]。大多数学者在研究低碳问题时切入点都是讲的低碳经济问题，暂且将他们的观点归为一类。

由于主要由人类经济活动引起的能源环境承载不堪重负引发的气候变化问题，人类才开始重视低碳问题，Kemiedy 等认为城市是能源的消耗中心，是温室气体的主要来源[102]。意识到这个问题，很多学者便开始探索低碳城市建设路径，但是至今学术界对这一概念的具体内涵并没有一致的共识。连玉明等和王環巧等都认为“低碳城市”的本质是城市以对生态友好为主要衡量尺度的一种文明发展模式[103,104]。顾朝林等从特征角度来定义低碳城市，认为其主要特征是“排放低、能效高、效率高”[105]。朱霞等认为低碳城市是一个目标，伴随低碳经济日趋热化而提出城市绿色发展的目标[106]。路超君等综合了目前学者关于“低碳城市”及“低碳发展”的涵义及特征，从狭义及广义上来定义“低碳城市”，认为“低碳城市”既是发展理念，又是发展战略，也是发展模式。狭义上是指城市实现碳低水平的排放，广义上是指城市有效实现碳排放的增长脱钩于经济增长的一种环境友好型发展模式[107]。

多数学者都是从低碳城市是什么或是其特征是什么来解释其内涵，但是赵先超从“城市低碳”与“低碳城市”的区别去深入理解“区域低碳发展”的内涵，他认为区域低碳发展是区域城市向低碳城市逐步转型的一种外显能力，处在低碳城市发展的最初阶段，或者可以说还称不上“低碳城市发展”[108]。

目前，我国称得上低碳发展的地区屈指可数，甚至也有专家认为目前国内尚且没有一个真正意义上的低碳发展省市，在倡导低碳化发展的今天，研究区域低碳发展的意义显而易见。

2.1.4 水资源需求理论

2.1.4.1 水资源的战略性地位

水资源是基础性自然资源，系生态环境建设的控制性要素，同时又是战略性经济资源，是综合国力的有机组成部分。为了保持水资源的可持续利用，要遵从水资源的自然规律，保持水资源的自然均衡，否则将引发水危机[109]。

随着人类文明的进步与发展，水资源的需求量也在不断增加。特别是第二次世界大战以后，世界经济发展突飞猛进，用水量急剧增加。1940—1990 年的 50 年内，世界人口翻了一番多，总数从 23 亿增加到 53 亿。同期，人均用水量也翻了一番，人口和人均用水量的增长直接导致过去半个世纪的全球总用水量增加了 4 倍。据估计，1995 年全球用水量已达到 37880 亿 m^3，人均用水量约 660 m^3。由于淡水资源在地区上分布极不均匀，各国人口和经济的发展也很不平衡，用水的迅速增长已使世界许多国家或地区出现了用水紧张的局面。根据联合国调查，目前全球约有 4.6 亿人生活在用水高度紧张的国家或地区，还有四分之一的人口生活在即将面临用水严重紧张的国家与地区。

我国用水量增长也十分迅速。据统计，1949—2000 年的 50 年内，全国人口增加了 1.3 倍多，国民经济生产总值（GDP 按可比价格计算）增长了 30 多倍，用水总量增加了 4 倍多。用水量的增长是以水利工程建设为前提的。2000 年我国供水总量为 5531 亿 m^3，水资源利用程度达到 20%。为了缓解重点缺水地区的供需矛盾，已建成引黄工程、引江工程，以及引滦入津、引黄济青、引大入秦等一批跨流域调水工程[110]。尽管我国水资源开发利用取得了巨大成绩，促进和保障了国民经济持久、高速发展，但也出现了洪涝灾害严重、干旱缺水突出、水环境恶化加剧和生态环境严重退化等一系列环境问题。

2.1.4.2 工业需水与节水的机理分析

本小节从水系统和水资源利用中的水循环角度，分析各类用水户需水与节水机理及其所采取的主要节水措施，由于本书研究仅涉及能源生产与转换过程水资源消费与预测，因此重点针对工业需水与节水机理进行详细分析。

从水资源利用循环角度看，一个水利用系统基本上包括五个环节[111]，其一为水源系统，其二为输水系统，其三为配水系统，其四为用户系统，其五为排水系统。

节水就是从水资源利用的各个环节中减少水资源的无效损失部分，节水过程应包括水源系统、输水系统、配水系统、用户系统以及排水系统五大环节的节水。

工业用水的基本流程见图 2-1，主要分生产用水和厂区生活用水。工业按地域分，可分成城市工业和农村工业两部分，在城市工业中又分成电力工业及一般工业。生产用水主要分间接冷却用水、工艺用水和锅炉用水。

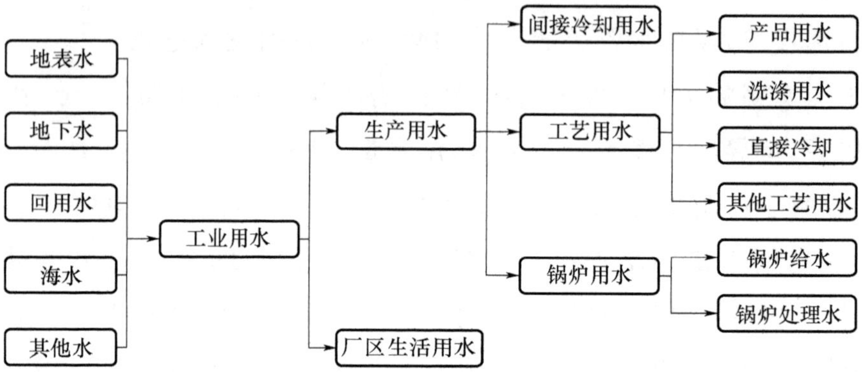

图 2-1　工业用水分类及其水资源利用流向示意图

Figure 2-1　The classification and the flow direction of the industrial water consumption

间接冷却用水是工业用水的主体，约占工业总用水量的 85%左右，这部分水经过使用后，水质未发生大的变化，仅是水温有所提高，经降温后可重复使用。工业企业一般均对该部分水量进行循环利用，可用冷却水循环率来表示其重复利用程度。工艺用水中包括直接冷却用水、洗涤用水、作为原料的用水及其他作业用水。工艺用水的排水一般讲水质恶化，是产生工业水污染的主体。工艺用水也可进行重复利用，经厂内处理后再循环于工业企业用水系统，其重复利用程度可用工艺回用率表示。锅炉用水一般为辅助生产用水，包括锅炉给水和水处理用水。锅炉用水可以再利用，其再利用程度可用锅炉蒸汽冷凝水收用率表示。厂区生活用水是指职工在生产期间的生活用水和行政管理机关的用水，其所占工业用水比例相对较低，一般计入生产用水和辅助生产用水中。

工业节水要抓四个方面的工作[112]：①全面调整规划区的工业结构，限制高耗水工业项目的建设，并有计划、有重点地将高耗水工业转移到水资源比较丰富的地区；②通过各种行政手段加强用水管理，计划用水和严格控制废水的排放；③抓工业内部循环用水，提高水的重复利用率，可以收到投资少、见效快、效益高的节水效果；④改造工业设备和生产工艺，这一方面的节水难度大、投资高，但随着水资源获得难度的加大和工业水价的提高，节水的经济效益也会随之提高。一般情况而言，工业节水在抓好以上四个方面工作之后，随之可采取的基本措施如下。

一是调控生产力的布局，促进产业结构调整。加强新建设项目水资源论证和取水管理，在缺水地区，禁止引进高耗水、高污染工业项目，以水定产，以水定发展，新建的企业必须采用节水技术。积极发展节水型的产业和企业，通过技术改造等手段，加大企业节水工作力度，促进各类企业向节水型方向转变。逐步建立行业万元国内生产总值用水量的参照体系，促进产业结构调整和节水技术的推广应用。工业用水重复利用率低于 40% 的城市，在达标之前不得新增工业用水量，并限制其新建供水工程项目。

二是拟定行业用水定额和节水标准，对企业的用水进行目标管理和考核，促进企业技术升级、工艺改革及设备更新，逐步淘汰耗水大、技术落后的工艺设备。

三是推进清洁生产战略，实现由末端控制转向全过程生产控制。从源头上预防和削减污染，节约水资源，加快废水资源化步伐，促进废水处理回用。

四是强化企业内部用水管理和建立三级计量体系，加强用水定额管理。采用新型设备和新型材料，提高循环用水浓缩指标，减少取水量。

2.2　模型方法

2.2.1　能流图系统模型

能流图，也称能源系统网络图或系统能流及能源效率图，是可视化分析既定能源系统能源供需平衡和有效利用程度的工具[113]。一个国家或地区从能源的生产、供应到消费的全过程构成这一国家或地区的能源系统。能源系统可按能源的种类对生产供应活动进行分类，也可按能源消费部门及其最终需要的能量形式对需求活动进行分类。能流图把能量从能源投入到最终利用的整个过程分解为相互衔接的若干个环节，用节点表示各环节的交接处，用带箭头的线段表示能量经各环节的流动情况，并根据不同的要求和用途在各线段上注明相应的数据（如能流量的大小、环节的相对效率等），图中的每一条路径都表示由某种能源资源到某种最终用途的可能途径[114]。

编制能流图的基本原理均遵循了热力学第一定律，即能量守恒与转换定律，其表述为：自然界的一切物质都具有能量，能量有各种不同形式，能够从一种形式转换为另一种形式，但在转换过程中，能量的总值不变。基于热力学第一定律，通过构建我国能流系统模型，应用系统和过程（环节）分析方法，可视化地描述了河北省 2015 年能源系统的能源流向，计算了能源系统各环节的能源有效利用量和损失量，以及能源和煤炭系统的总有效利用量和损失量。

这种计算方法可以反映河北省能源系统的结构特点。例如，有哪些能源生产部门，通过什么过程，按什么样的比例，提供了多少种类和数量的能源产品。这体现了能源的生产结构。又如，有哪些消费部门，通过何种工艺，按何种比例来消费这些能源产品。这体现了能源的消费结构。而由初级能源转换为最终消费形态或完成最终用途的相对效率，则体现了能源系统各过程用能技术的特点和能效水平。它不仅描述了我国能源系统从能源生产到最终使用过程的全貌，也便于根据不同需要，对某一部门的能源消费结构、利用状况和节能潜力进行综合分析。

2.2.2　情景分析

情景分析法是基于某种现象或者发展趋势持续到你所要预测的未来，根据所设置的假设情况预测由其引起结果的一种方法，通常又将其称为脚本法，或者将其称为前景描述法，该方法是比较直观的定性加定量的预测分析方法，定性分析是对所要分析预测对象进行质的方面的分析，通过分析得出该研究对象在未来将要发生的大致方向，而定量分析将会以定性分析为基础来做更深入的分析研究，对可能发生的情景进行量化，进而得到的发展趋势更加准确[115]。该方法的主要过程是结合预测对象的现状对预测对象未来可能发生的种种情景进行设想与构造。应用情景分析法的基础是承认研究对象在未来发展将有诸多的不确定性，并且在不同的条件下将有多种发展趋势，通过对一些条件的关键转折点提出一系列假设的基础上，对于未来可能发生的情形进行详细而又缜密的描述，将其称为研究未来思维的一种方法[116]。情景分析法是指在了解研究对象内部环境的基础上，对其进行详细的分析与研究，预测其可能出现的方案，并对得到的预测方案进行判断。在应用情景分析法时要充分考虑影响未来发展因素之间的相互关系，同时也要考虑所得到的未来发展结果很有可能是现在和过去从未出现过的，因此在相关影响因素设置或者量化上要有充分的想象力与说服力。应用情景分析法来进行预测分析的一个好处是，该方法可以发现过高或者过低评估未来所带来的影响。我国目前应用情景分析法的主要领域有农业发展领域、企业管理领域、交通规划领域、能源需求领域、气候变化领域与经济评价与预测领域等[117]。

本书研究工作涉及情景分析法相关步骤如下。

(1)确定将河北省能源消耗、碳排放量以及水资源消费量作为研究主体。

(2)分析河北省当前及过去社会经济发展状况、能源消费状况、碳排放状况以及水资源开发利用状况。

(3)结合上一步分析结果,确定影响因素,影响河北省能源消费与碳排放量的因素主要有人口数量、GDP、城镇化率及一些政策因素,之后进行相关参数的设置与量化。

(4)设置情景,结合河北省当前发展状况、河北省“十三五”规划和国家提出的2030年碳排放达峰的目标以及《河北省水资源消耗总量和强度双控实施方案(2016—2020年)》,建立基准情景、产业结构优化情景、能源消费结构优化情景和低碳发展情景。

(5)分析不同情景下河北省能源消费、碳排放趋势以及能源生产与转化过程水资源的消费状况,寻找出适合河北省未来发展的情景。

(6)依据不同情景对比与分析,提出适合河北省走低碳与节水发展道路的相关对策措施。

2.2.3 LEAP 模型

LEAP 模型已广泛地应用于其他行业的能耗、排放及成本的评估计算[118-121],其计算准确、结果有很大的参考价值,这也得到其他行业的认可。本小节将系统介绍 LEAP 模型的特点、功能,LEAP 模型的关键原理——LEAP 模型中能耗、排放及经济的理论计算方法、LEAP 模型构建思想,以及 LEAP 模型的核心之一情景分析法。

2.2.3.1 LEAP 模型概述

LEAP(Long-range Energy Alternatives Planning System)是一种计量经济模型,是由瑞典斯德哥尔摩环境研究所 SEI 与美国波士顿 Telle 研究所联合开发的[122]。LEAP 通过树形数据结构模型进行数学模型的构建,通过中间层设备的经济投入及底层燃料消耗、环境影响及燃料价格的参数设置,对各部门的能耗、排放及经济进行评估分析[123]。并且 LEAP 模型结合了情景分析,能实现对能源消费系统未来长期发展仿真计算。情景即不同行业的发展现状及发展趋势,通过计算不同情景下不同行业的能耗，就能得到不同政策下不同行业的能耗及排放的结果，可为政策制定提供强有力的依据。图 2-2 为 LEAP 模型的树形界面，左侧文件夹即为树状图，右下角为视图区，显示操作步骤及计算结果等。图 2-3 为 LEAP 模型的详细结构及各个模块之间的联系。

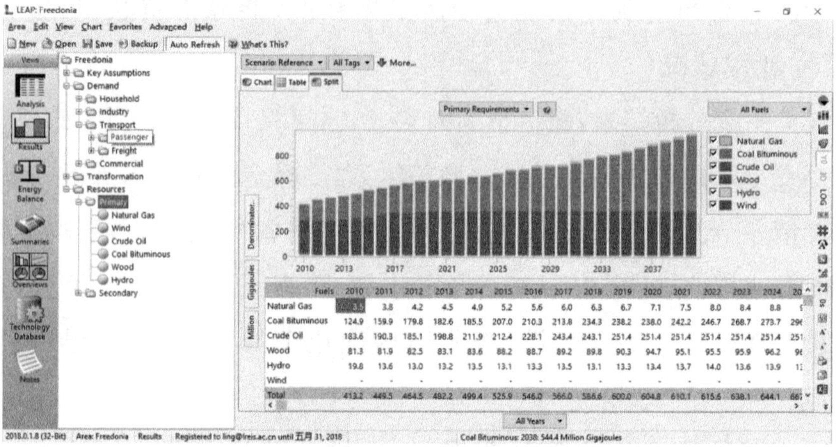

图 2-2　LEAP 模型界面图

Figure 2-2　The model interface of LEAP

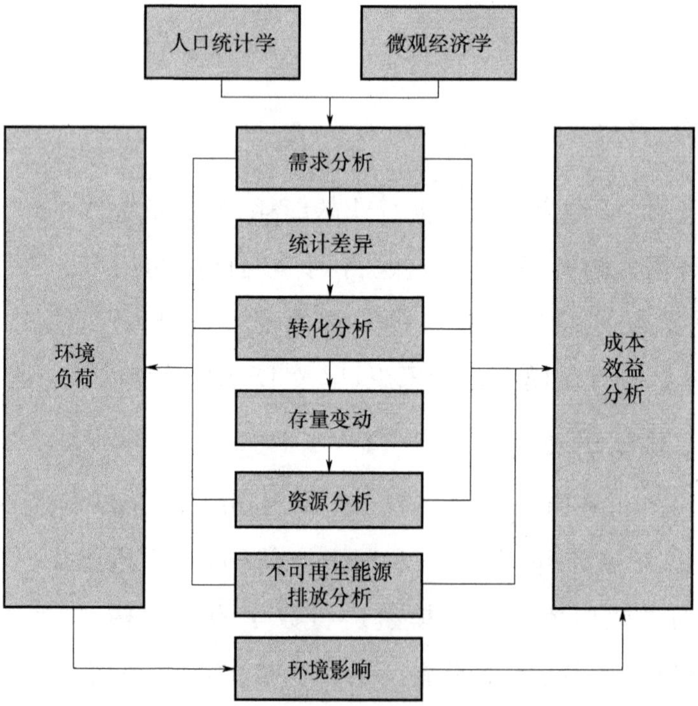

图 2-3　LEAP 模型详细结构

Figure 2-3　The model structure of LEAP

2.2.3.2　LEAP 模型模块和功能

LEAP 中每个情景的评估模型包括四大模块：驱动因子模块（社会经济因子）、需求模块（终端部门）、转换模块（能源运输分配及燃料开采阶段）以及资源模块（一次及二次能源进出口分析），除驱动因子模块外，各个模块中均产生能耗、排放及经济花费[124]。LEAP 模型评估过程涵盖从开采、运输到转换、分配至终端消费的全生命周期过程中产生的能耗、排放及经济花费。其中，在分析环境排放时，由于各个模块终端使用能源燃料技术不同，每种燃料的排放物较多，所需的排放数据种类繁杂，数量庞大，所以 LEAP 中内嵌了部分国家各种能源燃烧技术环境排放数据库 TED。除驱动因子模块外，各个模块中的环境排放可根据终端使用的技术在 TED 数据库中选用相应的排放技术，并可根据特定燃料技术具体情况进行扩展，即可在此基础上进行添加、删除与修改[125]。LEAP 的结果输出主要包括能源图表、能源均衡、概要和概观，在 LEAP 中可选择所要分析的结果在 Summary 中进行分析。LEAP 平台作为模型分析工具，能够根据研究所需选择各个模块进行分析，可根据数据的性质来构造数据结构，但不管如何，每个评估模型均可概括如图 2-4 所示的分析结构。

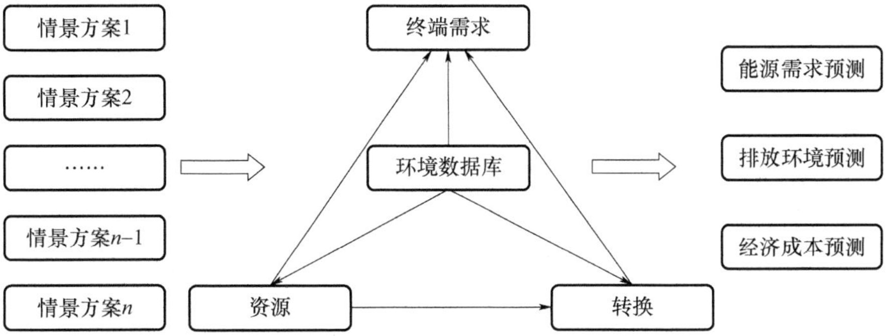

图 2-4　LEAP 模型分析结构图

Figure 2-4　The technology roadmap of the study

2.2.3.3　LEAP 模型中能耗、排放及经济成本的计算

LEAP 模型中产生能源消耗的过程包括能源开采、运输分配、终端使用。能源开采与运输分配结合在转换模块中，终端使用在需求模块中。各个模块的能耗都是根据给各个部门的活动水平和该活动下的燃料种类和能源强度计算得到的。各个模块能够单独运行，最后通过对各部门能耗计算出整个能源系统的能耗[126]。

模型计算终端能耗量的公式为：

$$E=E_1+E_2+E_3+E_4 \tag{2-1}$$

式中：E 为研究对象的年能耗总量，E_1 为能源开采过程中的能耗量，E_2 为由一次能源转换为二次能源过程中的能耗量，E_3 为基础设施生产所需要的能耗量；E_4 为终端设备工作所需的能耗量。

① 能源需求模块

能源需求模块是LEAP模型的核心部分，本书主要使用该模块对河北省长期能源消耗进行预测。该模块需要用户结合自己的研究特点建立合理的数据结构，并依据所研究部门的活动水平以及相对应的能源强度的乘积来计算能源的消耗量，并基于各种情景来预测部门的长期能源消耗量，我们可以按部门、子部门、终端使用和设备这四个层次建立数据结构[127]。在该模块中各部门终端设备能源需求量的计算公式为：

$$SD=AL\times EI \tag{2-2}$$

式中：SD 为能源需求量，AL 为活动水平，EI 为能源强度。

② 能源转换模块

能源转换模块依据所预测的能源需求数据模拟从能源需求到一次能源的转换过程，如石油的最终燃料为煤油、柴油等，水力发电的最终燃料为电力。通过模块可以得出本地资源是否满足本地的能源需求，由此我们可以计算出本地经济发展活动中所需要进口或者出口的能源量，最终实现本地区的能源供需平衡。

③ 生物质资源模块

生物质资源模块主要用于模拟预测本地区对生物质能源的需求量，同时使用该模块可以得出生物质能源需求量对该地区土地使用情况的影响，利用该模型可以有效解决农村中有关能源的一些问题。

④ 环境影响评价模块

环境影响评价模块通过LEAP模型所带有的能源环境数据库，结合之前所得的相关能源数据，计算分析不同能源方案情景下污染物对环境的排放量以及评估给人类或环境带来的危害[128]。本书就是利用该模块模拟计算出二氧化碳长期排放趋势，并依据其对环境产生的影响，提出相应的碳减排措施。在该模块中污染物排放公式为：

$$EE=SD\times EF \tag{2-3}$$

式中:EE 为污染物排放量,SD 能源需求量,EF 污染物排放因子。

⑤ 成本分析模块

成本分析模块就是在满足未来社会发展需求的情况下,从各个角度分析计算各实施能源方案所产生的费用,从而尽量选择出费用最小且更加适合该地区经济发展的方案。由于缺失相应的能源消费所需经济成本数据,故本书对经济成本分析不做讨论。

2.2.3.4　LEAP 模型构建基本思路

(1)能源系统分析

根据研究目标,分析与能源系统能源使用相关的因素及其历史发展情况,确定基准年及预测年限。

(2)模型模块确定

根据研究主体是终端设备加工能源使用还是能源燃料开采或加工,确定所研究问题是能耗过程能耗分析还是能源转化能耗分析,选择需求模块或者转换模块,或同时包含以上两个模块。

(3)数据结构建立

在选定了模型模块之后,根据能源系统现状建立所研究能源系统基准年的数据结构。各个模块的树形图从上到下依次代表部门、子部门、终端利用以及最基本的底层设备及燃料等。

(4)情景分析

建立好基准年数据结构、输入基准年各模块相应数据之后,就需要构建能源系统的基本情景和发展情景,进行能源系统的情景分析。LEAP 模型的核心即为情景分析,情景分析是根据能源系统的历史发展趋势以及某种特定政策环境建立的,然后即可得到预测期各年能源系统的能耗、排放及经济成本随时间变化的趋势线。

情景分析是 LEAP 模型的核心之一,LEAP 模型在建立好评估计算树形图后,最重要的工作即为情景设定与分析。使用 LEAP 可以创建多个情景,一般会在基准年的基础上设定基本情景。发展情景是在基本情景的基础上设置的,发展情景可以以不同的组合形式进行单独设定,也可以逐层设定。首先设置发展情景中最基本的变化,然后在此情景上设置第二变量,如此依次设置各个发展情景。在各个情景设定完成后,可以选择任何一个情景,通过 LEAP 模型计算相应情景下的能耗、排放及经济成本，最后再通过各个情景的结果，对各个情景的变量设置进行评估。LEAP 模型属于“自下而上”的模型，仅仅围绕情景分析思想而设计的一款建模工具。情景设定是整个研究工作的重点和难点，合理的情景设定将有利于得到更加准确的预测数据，所以必须充分重视 LEAP 模型的情景构建。

(5)结果分析

根据发展情景与基本情景之间的差异，以及发展情景与发展情景之间的差异，分析模型计算出的能耗、排放及经济成本间的本质差异，分析各个差异对能源系统的影响，为能源系统的发展提供政策制定指导基础。

2.2.4　水资源需求预测

2.2.4.1　水资源需求预测基本思路

水资源开发管理配置涉及诸多方面的问题，而水资源需求又是水资源配置的核心环节[109]（图 2-5）。

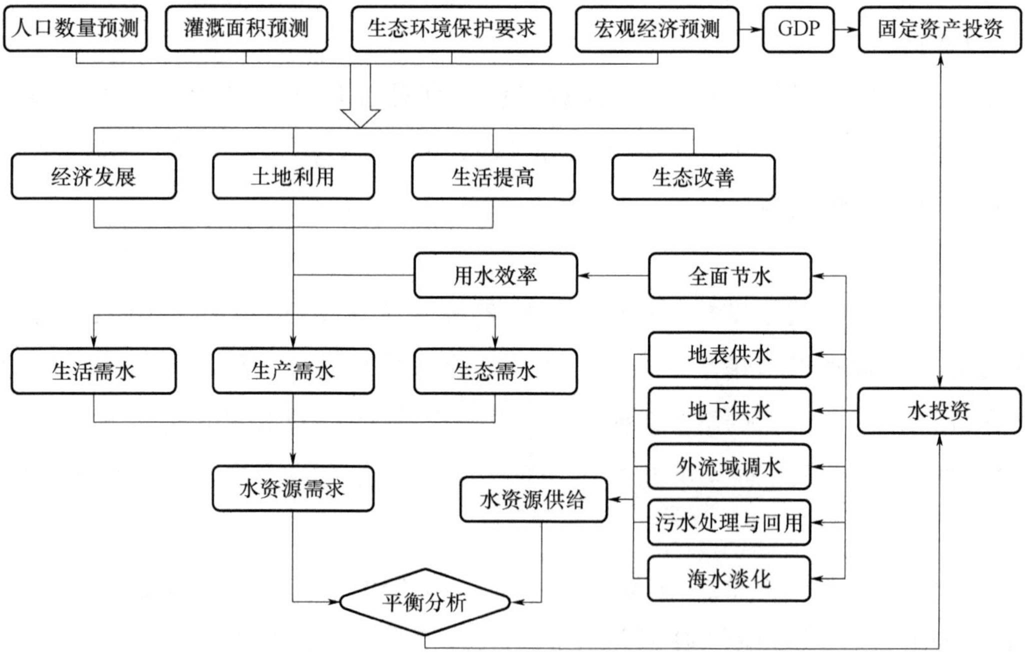

图 2-5　水资源需求与水资源配置分析流程图

Figure 2-5　The analytical flow chart technology roadmap of the study

从上图可以看出，基于市场经济下的水资源配置主要是通过市场调节来实现的，占很大决定作用的是经济社会发展规模、生态环境保护与建设要求及其水开发利用投资水平。水资源投资增加了，供水量会增加，但其他部门的投资就会减少，相应的经济发展就会受到影响，需水量相应会减少；水资源投资减少了，供水量会减少，用于其他部门的投资相应会增加，其发展速度会增快，相应的需水量会增加。在供水和需水的不断调整过程中势必会出现平衡点。在供需平衡时的需水量才是考虑供水能力约束下的需水量，才是可能得到满足的需水量。从上图中可以看出，水资源需求在水资源配置中具有极其重要的作用，是决定水资源配置格局的重要环节。

2.2.4.2 水资源需求预测基本步骤

根据水资源需求预测基本思路，我们可以给出水资源需求预测的一般步骤[109]。

(1)确定各用水账户的发展指标预测，包括人口预测、宏观经济预测、灌溉面积发展预测、生态环境保护目标等。

(2)用水效率(需水定额)分析与预测。需水定额与节水关系极为密切，应在节水规划的基础上进行预测和分析。

(3)分用户进行需水量预测。结合各用水户发展指标和需水定额预测成果，选取合适的需水预测方法，对各用水户需水量进行预测，并分别提出各类统计口径下的需水量汇总结果。

(4)对需水预测结果进行合理性分析。合理性分析包括宏观层面和微观层面的分析。宏观层面主要从需水总量上进行需水量与水资源条件分析、供水满足程度分析、节水水平分析、需水发展趋势分析、结构分析等；微观层面分析主要为各用水户需水效率与效益分析、发展趋势分析等。

(5)需水方案与预测成果的提出。因经济社会发展的不确定性，节水力度的不同和节水发挥效益的相对滞后性，以及其他不稳定因素的影响，应进行多情景需水方案预测；若经过分析发现预测结果存在不合理因素，则需要反馈到第一步，重新进行预测。经多次反馈和综合分析后，考虑到水资源规划中的各方面因素，提出最终的需水预测成果。

2.2.4.3 工业生产需水预测基本方法

由于本次工作针对能源生产和转化过程中的水资源需求情况进行分析与预

测，故本小节只针对生产需水预测方法进行简要介绍，生产用户包括国民经济中各生产行业，如工业、农业、建筑业、第三产业等。

工业需水预测可以分为高耗水工业、一般工业和火电、核电工业3类[129]。

高耗水工业和一般工业需水可采用万元增加值取用水量法进行预测。火电、核电工业分直流式和循环式两种用水类型，采用发电量（亿 kWh）取用水量法进行需水预测，并以装机容量（万 kW）取水量法进行复核[130]。目前最为常用的工业净定额预测方法为重复利用率法，其计算公式为：

$$IQ_i^{t_2}=(1-\partial)^{t_2-t_1}\times\frac{1-\mu_i^{t_2}}{1-\mu_i^{t_1}}\times IQ_i^{t_1} \tag{2-4}$$

式中：i 为工业部门分类序号；$IQ_i^{t_2}$ 和$IQ_i^{t_1}$ 必分别为第 t_1 和第 t_2 规划水平年第 i 工业部门的用水定额（可以为万元产值或增加值取水量，也可为工业单位产品取水量）；∂为综合影响因子，包括科技进步、产品结构等因素；$\mu_i^{t_2}$ 和$\mu_i^{t_1}$ 分别为第 t_2 和第 t_1 规划水平年第 i 工业部门的用水重复利用率。

则工业净需水量和毛需水量的计算公式分别为：

$$IW_i^t=\sum_{i=1}^{n}(X_i^t\times IQ_i^t) \tag{2-5}$$

$$GIW_i^t=IW_i^t/\mu_i^t \tag{2-6}$$

式中：IW_i^t为第 t 规划水平年工业净需水总量；X_i^t为第 i 工业部门第 t 规划水平年工业发展指标（如总产值或增加值、发电量等），其他符号同前；GIW_i^t为第 t 规划水平年工业毛需水总量；μ_i^t为第 i 工业部门第 t 规划水平利用系数，由工业供水系统确定。

有关部门和省（自治区、直辖市）已制定的工业用水定额标准[131]，可作为工业用水定额预测的基本依据。远期工业用水定额的确定，可参考目前经济比较发达、用水水平比较先进国家或地区现有的工业用水定额水平结合本地发展条件（工业结构、工业生产特性、水资源条件、节水水平等）综合确定。

本书研究能源产业需水主要基于“自下而上”的模型方法[132]，参照工业生产需求预测方法，通过各产业能源生产量乘以取水强度和耗水强度来计算河北省各种能源生产取水量和耗水量，如下式所示：

$$W=\sum_{i=1}^{n}E_i\alpha_i \tag{2-7}$$

$$C = \sum_{i=1}^{n} E_i \beta_i \tag{2-8}$$

式中：W 表示能源生产取水量，C 表示能源耗水量，E_i表示第 i 类能源生产量，n 表示所包含的能源类型，α_i表示第 i 类能源生产取水强度，β_i表示第 i 类能源生产耗水强度。本书取水和耗水计算系数引自文献研究。

第3章　河北省能源消费特征与问题研究

3.1　引言

能源消费是指生产和生活所消耗的能源。人均能源消费的占有量是衡量一个国家经济发展和人民生活水平的重要标志。人均能耗越多,国民生产总值就越大,社会也就越富裕。在发达国家里,能源消费强度变化与工业化进程密切相关。随着经济的增长,工业化阶段初期和中期能源消费一般呈缓慢上升趋势,当经济发展进入后工业化阶段后,经济增长方式发生重大改变,能源消费强度开始下降[133]。

改革开放后,我国经济得到迅速发展,与能源消费增长速度相比,经济的增长速度较快且波动幅度较小,表明此阶段我国能源利用效率逐渐提高。随着人口的不断增加以及城市经济的快速发展,我国社会经济发展对能源的需求量不断增加,同时,我国长期形成的粗放型经济增长方式没有在短期内发生有效的转变,尤其是在一些地区存在着比较严重的高消耗、高污染行业盲目投资,低水平重复建设现象,能源利用效率低,污染浪费严重,使得我国出现日益严重的能源供需矛盾[134]。主要表现为以下几个方面:①人均能源资源相对不足,人均能源消费量较少;②能源利用效率不断提高,同时对能源的依赖程度也在提高;③能源消费以煤为主,生态环境压力明显;④能源产品进出口继续增加,能源消费增长速度加快;⑤能源消费过于集中于工业,产业结构需要优化升级。

河北省是我国能源大省,“十二五”时期,河北省能源发展较快,各项目标任务基本完成,较好地保障了全省经济社会发展需求,行业发展运行总体呈现供需基本平衡、结构持续优化、效率明显提高的发展态势,为“十三五”能源发展奠定了较好的基础。但是，在国内外能源发展变革大潮中，河北省能源发展还处于落后地位，与全省经济社会发展要求还不适应，特别是面对京津冀协同发展、北京携手张家口举办冬奥会、雄安新区成立、大气污染防治等新形势、新任务，全省能源长期积累的一系列深层次矛盾和问题日益突出[135,136]。

因此，如何从能源系统的角度来审视和评价河北省能源生产与消费的方式和路径，技术进步程度和能源利用效率水平，节能的潜力、能力、效果和效益所在等，就显得尤为重要。这也可以为促进河北省能源生产和消费领域的技术进步，选择和制定环境治理和减缓温室气体排放的对策、路径、规划和战略提供依据与支持。本章首先基于能源系统模型分析方法，综合国际准则的能源供需体系计算方法和有关专家的意见，适当地调整河北省能源平衡表，构建 2015 年河北省能流图(网络图)，用以分析和研究河北省 2015 年能源系统消费特征与能源效率问题；其次，构建偏离份额模型，以 2011—2015 年全国和河北的能源数据为基础，对终端能源使用结构问题展开研究，为河北省中长期能源发展战略提供技术支撑。

3.2　基于能流系统模型的河北省能源供给需求关系研究

3.2.1　数据需求和来源

针对接下来章节中 LEAP 模型的构建，以 2015 年为基准年，因此，本章需要系统梳理 2015 年河北省能源消耗现状，明确供需关系，相关的能源数据来源于《中国能源统计年鉴 2016》中的地区能源平衡信息——河北省能源平衡表(实物量)。采用电热当量折标准煤系数法，将各种能源折算成万吨标准煤，其中电力按热功当量计算。由于能源平衡表中的燃料和部门等分类非常详细，若按能源平衡表绘制能流图，将导致能流图的结构过于繁杂。本书参照国际能源统计体系准则、相关文献以及模型构建需求，对河北省 2015 年能源平衡表做如下调整。

(1)燃料类型划分。一次能源分类保持不变，洗精煤、其他洗煤、型煤、煤矸石、焦炭、焦炉煤气、高炉煤气、转炉煤气、其他煤气以及其他焦化产品归纳为煤制品，汽油、煤油、柴油、燃料油、石脑油、润滑油、石蜡、溶剂油、石油沥青、石油焦、液化石油气、炼厂干气以及其他石油制品归纳为油制品。

(2)进出口量调整。进口量还包括外省(区、市)调入量和我轮机在外国加油量,出口量同时包含了本省(区、市)调出量和外轮机在我国加油量。

(3)加工转换部门调整。供热、回收能和炼油部门保持不变,可再生能源发电和火电统归纳为发电,将洗选煤、炼焦、制气和煤制品加工统归为煤炭加工。

(4)能源终端消费行业保持不变。为农林牧渔业、工业、建筑业、交通运输仓储和邮政业、批发零售业和住宿餐饮业、其他,以及生活消费行业;在下面章节进行 LEAP 建模时,考虑能源效率转化问题,将进一步对能源需求行业进行分类合并,第一产业为农林牧渔业;第二产业包括工业、建筑业;第三产业为交通运输仓储和邮政、批发零售业和住宿餐饮业、其他,以及生活消费行业(包括城市和农村消费)。

调整后的 2015 年河北东省能源平衡表见表 3-1。

3.2.2 河北省能源消耗与能源效率分析

根据调整后的能源流动平衡表,本小节绘制能源流动图(网络图)如图 3-1 所示。

图 3-1 左侧很直观地显示了河北省一次能源供应以煤炭为主的特点。2015 年河北省一次能源供应中,煤炭、石油、天然气的比例分别为 86.5%、9.6%和 3.9%。由此可知,河北省的一次能源供应结构中,煤炭比例过高;天然气和可再生能源比重偏低,远低于 2015 年全国的平均水平(17.8%,见图 3-2)。从图 3-2 中进一步看出,河北省能源主要依靠进口,其中 2015 年河北省能源对外依存度达 88.4%,而 2015 年全国能源依存度仅为 16.3%;进口能源主要是煤炭、石油和天然气,分别为 16103.96、1669.60、832.4 万吨标准煤。由于新能源利用少,新能源环保高效的特点在能源消费中得不到体现,能源利用结构的不合理影响了能源利用的效率,同时对河北省的可持续发展产生了不利影响。

从发电类型来看,河北省电力仍然以火电为主,2015 年火力发电消费量占总消费电量的 77.01%,而且火电的能源是煤炭,使得能源使用效率相对低下,2015 年年火电效率为 37.3%,与国际先进水平有较大差距。加之煤炭所含杂质较多,会导致严重的环境污染,且由于单位热值含碳量高,对未来温室气体排放带来巨大压力。因此,河北省应该大力发展可再生能源的发电份额,增加可再生能源的发电量,从政策法规和资金支持等多方面,为新能源发电的开发利用创造有利的条件。

表 3-1　调整后的 2015 年河北省能源平衡表(Mtce)

Table 3-1　The adjusted energy flow balance sheet in Hebei Province (Unit:10,000 tons standard coal)

项目	原煤	煤制品	原油	油制品	天然气	热力	电力	其他能源	合计
一、可供本地区消费的能源量	21529.33	2071.02	2381.22	27.99	970.05	0.00	1090.07	0.00	28069.68
1. 一次能源生产量	5312.28	0.00	828.73	0.00	138.72	0.00	252.72	0.00	6532.45
2. 进口量	16103.96	3721.24	1669.60	1656.67	832.40	0.00	837.35	0.00	24821.23
3. 出口量(—)	0.00	—1563.03	—113.00	—1569.06	0.00	0.00	0.00	0.00	—3245.09
4. 库存增(—)、减(+)量	113.09	—87.20	—4.11	—59.57	—1.07	0.00	0.00	0.00	—38.86
二、加工转换投入(—)产出(+)量	—15787.88	9244.09	—2339.56	2280.73	—22.50	1289.53	2812.81	62.08	—2522.77
1. 火力发电	—6145.29	—1148.28	0.00	—5.73	—3.06	—151.79	2812.81	—86.73	—4641.33
2. 供热	—1228.47	—319.15	0.00	—8.87	—18.62	1150.72	0.00	—5.13	—424.38
3. 炼油及煤制油	0.00	0.00	—2339.56	2295.34	0.00	0.00	0.00	0.00	—44.22
4. 煤制品加工	—8414.13	7255.39	0.00	0.00	—0.82	0.00	0.00	0.00	—1159.56
5. 回收能	0.00	3456.12	0.00	0.00	0.00	290.59	0.00	153.94	3746.72

续表

项目	原煤	煤制品	原油	油制品	天然气	热力	电力	其他能源	合计
三、损失量	0.00	0.00	19.29	0.00	0.00	0.00	239.02	0.00	258.30
四、终端消费量	5741.45	11315.11	22.37	2308.73	947.54	1289.53	3663.87	62.08	25288.60
1. 农、林、牧、渔业	94.00	2.00	0.00	224.72	9.18	3.23	121.07	0.00	454.20
2. 工业	4320.89	11122.25	22.37	319.78	497.03	782.38	2587.89	62.08	19652.59
3. 建筑业	9.16	0.00	0.00	234.31	15.56	2.33	39.72	0.00	301.08
4. 交通运输、仓储和邮政业	21.56	0.00	0.00	705.19	74.65	18.83	107.60	0.00	927.83
5. 批发、零售业和住宿、餐饮业	72.34	22.85	0.00	60.91	103.61	72.58	151.56	0.00	483.85
6. 其他	130.65	0.00	0.00	193.93	87.91	141.95	199.18	0.00	753.63
7. 生活消费	1092.83	168.01	0.00	569.89	159.60	268.23	456.84	0.00	2715.41
五、平衡差额	0.00	0.00	0.00	0.00	0.00	0.00	0.00	0.00	0.00
六、消费量合计	5741.45	11315.11	22.37	2308.73	947.54	1289.53	3663.87	62.08	25288.60

注：河北省2015年能源流动平衡表见附录。

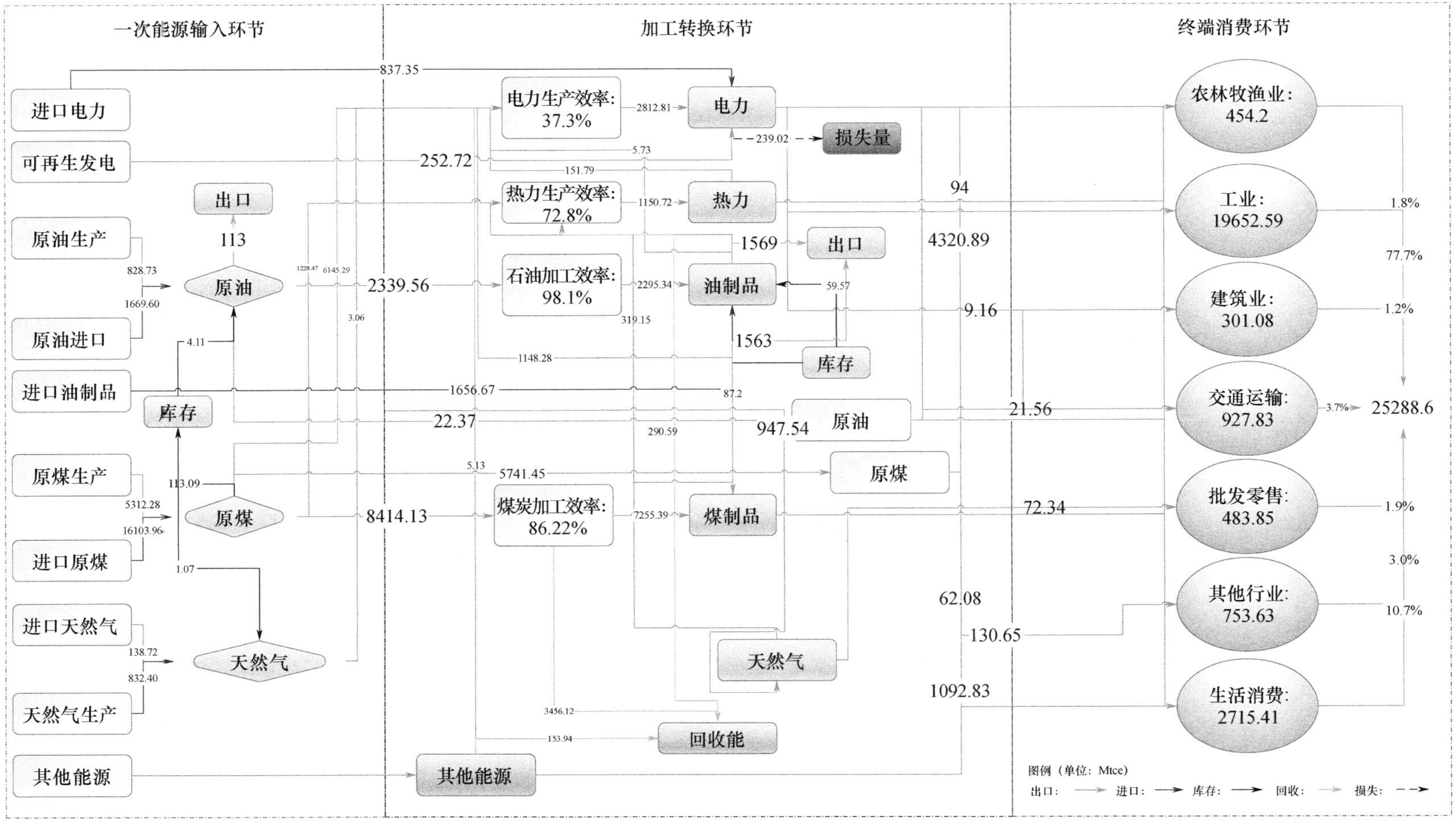

图3-1　2015年河北省能源流动图（网络图）

Figure 3-1　The energy flow chart of Hebei Province(network diagram)

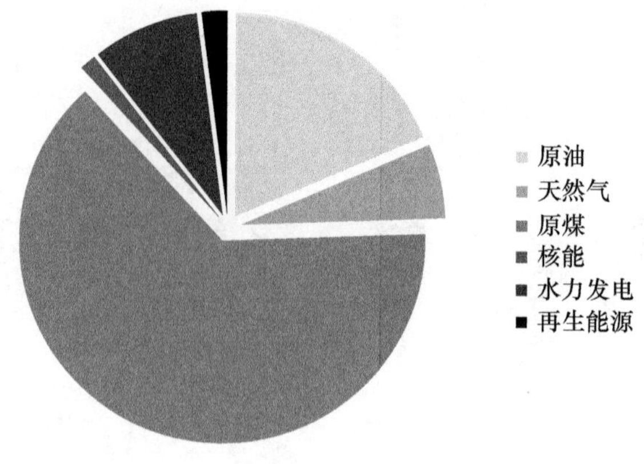

图 3-2　2015 年全国一次能源消费结构

Figure 3-2　The consumption structure of the primary energy in 2015 in China

加工转换过程中的能源流通如图 3-1 第二模块所示，河北省能源损失全部发生在发电部门，为 239.02 万吨标准煤。据推算，2015 年河北省电力生产、石油加工、煤炭加工和热力生产的效率分别为 37.3%、98.1%、86.2%和 72.8%，电力生产效率最低。

2015 年河北省终端部门能源消耗如图 3-1 第三模块所示，工业部门消耗比重占 77.7%，能源的终端使用情况直接反映了河北省经济发展特点，即以工业为主拉动经济发展。2015 年河北省全年规模以上工业增加值完成 11244.7 亿元，比上年增长 4.4%。这表明河北工业发展呈现以下的特点：严重依赖自然资源，但是随着矿产资源的逐步枯竭，河北省的工业将可能面临着重要的难题和发展的瓶颈，整体能耗过高，致使河北省多年来能耗居高不下。2015 年河北省交通能耗占终端总能耗的 3.7%，相对其他省份和地区较低。随着河北省经济、社会的发展以及人民收入水平的提高，交通用能会大幅增长，因此交通运输部门的节能工作将越来越重要。从部门能源消耗结构看，河北省经济结构不合理，需要进一步优化和调整产业结构，着力发展节能产业，努力支持多产业同时并进发展模式，调整过重的产业结构，降低高能耗产业的比重是河北省降低能源消耗、缓解环境压力的重要途径。

由于本书缺少相对应的数据，因此终端部门的能源效率在本次研究中未考虑。从终端部门分能源品种使用来看，煤炭以及煤制品在终端直接使用量占煤炭消耗总量的 66%左右。虽然煤炭以及煤制品在河北省的能源消耗结构中占主导地位，但石油以及油制品的比重也不容忽视。河北省是石油生产和消费大省，随着地下石油资源的减少，以及围绕着能源的国际争夺也越来越激烈，因此，国际石油价格的上涨必然对河北省经济产生大的影响。从消费终端我们也可以注意到，2015 年生活消费行业的能耗值也比较高，仅次于工业消费，占比达 10.7%，这与河北省快速发展的城镇化规模和人口增长是分不开的。

3.3　基于偏离份额法的河北省能源终端消费结构研究

3.3.1　偏离份额法

偏离份额法(Shift-Share Method，SSM)是由美国学者 Dunn、Perloff 等于 20 世纪 60 年代提出的，具有很强的综合性和动态性[137]。该方法最初用于经济学领域，其基本原理是将区域的经济看作是动态变化的，参照所在地区或者国家的经济发展大背景，将小区域经济量进行分解，如份额分量、产业结构偏离分量和竞争力偏离分量，其中，份额分量是参照地区或者国家的增长率所产生的变化量；产业结构偏离分量是部分结构对于经济增长的影响情况；竞争力偏离分量可以反映区域部门的竞争力对经济发展的影响[138-140]。

本书借助 SSM 方法用于河北省能源终端消费结构的研究，将河北省能源终端消费量分成份额分量、产业结构偏离分量和竞争力偏离分量，用以分析河北省的能源使用结构。具体模型如下。

全国和河北的能源终端消费量分别用 C，H 表示，时间范围为[0，t]。设全国和河北省初期的能源终端消费量分别为 C_0，H_0，末期(第 t 年)能源终端消费量分别为 C_t，H_t。

河北省第 i 行业在[0，t]时间范围内的能源终端消费量变化率为：

$$r_i=\frac{H_{i,t}-H_{i,0}}{H_{i,0}} \tag{3-1}$$

全国第 i 行业在[0，t]时间范围内的能源终端消费量变化率为：

$$R_i=\frac{C_{i,t}-C_{i,0}}{C_{i,0}} \tag{3-2}$$

按照全国各行业能源终端消费量所占份额将河北各行业能源终端消费量标准化：

$$H_i' = \frac{H_{i,0} \cdot C_{i,0}}{C_0} \tag{3-3}$$

在$[0,t]$时间范围内，河北省第 i 行业的增长量G_i为：

$$G_i = H_{i,t} - H_{i,0} \tag{3-4}$$

G_i可分解为全国增长份额N_i、产业结构转移份额P_i和区域竞争力份额D_i三个分量，且P_i和D_i两个分量之和构成总偏离分量PD_i，具体计算方法为：

$$G_i = N_i + D_i + P_i \tag{3-5}$$

$$N_i = H_i' \times R_i \tag{3-6}$$

$$P_i = (H_{i,0} - H_i') \times R_i \tag{3-7}$$

$$D_i = (r_i - R_i) \times H_{i,0} \tag{3-8}$$

$$PD_i = P_i + D_i \tag{3-9}$$

引入$S_{i.0} = \frac{H_{i,0}}{C_{i,0}}, S_{i.t} = \frac{H_{i,t}}{C_{i,t}}$两个变量，分别表示河北省第 i 行业初期和末期的能源终端消费占同期全国能源消费的比重，那么对于全国而言，河北省的消费量相对增长率可以用下式表示：

$$L = (H_t / H_0) / (C_t / C_0) \tag{3-10}$$

对上述公式进一步分解可以得到：

$$L = \left[\frac{\sum_{i=1}^{n} S_{i.0} \cdot C_{i,t}}{\sum_{i=1}^{n} S_{i.0} \cdot C_{i,0}} \Big/ \frac{\sum_{i=1}^{n} C_{i,t}}{\sum_{i=1}^{n} C_{i,0}}\right] \times \left[\sum_{i=1}^{n} S_{i.t} \cdot C_{i,t} \Big/ \sum_{i=1}^{n} S_{i.0} \cdot C_{i,0}\right] = J \cdot V \tag{3-11}$$

那么，J（结构效果指数）和 V（区域竞争效果指数）可以分解为：

$$J = \frac{\sum_{i=1}^{n} S_{i.0} \cdot C_{i,t}}{\sum_{i=1}^{n} S_{i.0} \cdot C_{i,0}} \Big/ \frac{\sum_{i=1}^{n} C_{i,t}}{\sum_{i=1}^{n} C_{i,0}} \tag{3-12}$$

$$V = \left(\sum_{i=1}^{n} S_{i.t} \cdot C_{i,t}\right) \Big/ \left(\sum_{i=1}^{n} S_{i.0} \cdot C_{i,0}\right) \tag{3-13}$$

3.3.2 数据来源

本节选取了河北省和全国 2011—2015 年（“十二五”期间）7 个能源终端消费

行业数据(包括农林牧渔业、工业、建筑业、交通运输仓储和邮政业、批发零售住宿餐饮业、其他、生活消费 7 个行业数据),所用数据来自于《中国能源统计年鉴 2012》[141]和《中国能源统计年鉴 2016》[142],其中,河北省能源数据采用《中国能源统计年鉴》分地区能源流动平衡实物量,为了与全国消费量计算统一,全部转化为标准量进行建模。

用于 SSM 建模数据见表 3-2 和表 3-3。

表 3-2　全国不同行业能源终端消费量(Mtce)

Table 3-2　The energy consumption in different industries in China(Unit:10,000 tons standard coal)

能源消费终端行业	2011 年	2015 年
农林牧渔业(A)	4791.14	5838.45
工业(I)	125133.97	207378.51
建筑业(Z)	4761.48	6383.82
交通运输仓储和邮政业(T)	26490.83	34747.81
批发零售住宿餐饮业(W)	4875.88	7432.76
其他(O)	9841.77	14420.39
生活消费(Q)	26493.81	34068.04

表 3-3　河北省不同行业能源终端消费量(Mtce)

Table 3-3　The energy consumption in different industries in Hebei Province(Unit:10,000 tons standard coal)

能源消费终端行业	2011 年	2015 年
农林牧渔业(A)	879.49553	454.2
工业(I)	18877.26	19714.67
建筑业(Z)	345.80166	301.08
交通运输仓储和邮政业(T)	933.25073	927.83
批发零售住宿餐饮业(W)	247.28934	483.85
其他(O)	566.91815	753.63
生活消费(Q)	1765.9483	2715.14

3.3.3 河北省能源偏离份额分析

3.3.3.1 河北省能源偏离份额分析表

本小节根据上述偏离份额分析模型，对河北省 2011—2015 年，即“十二五”期间的能源终端消费量变化量进行分解计算，如表 3-4 和表 3-5 所示。

表 3-4 河北省 2011—2015 年能源终端消费结构偏离份额值

Table 3-4 The shift share analysis results of the energy terminal consumption structure from 2011 to 2015 in Hebei Province

项目	A	I	Z	T	W	O	Q
N_i	4.55	7671.13	2.77	38.07	3.12	12.83	66.09
P_i	187.70	4735.98	115.05	252.81	126.55	250.92	438.77
D_i	−617.55	−11569.71	−162.54	−296.31	106.88	−77.03	444.33
PD_i	−429.85	−6833.72	−47.49	−43.50	233.44	173.89	883.10
r_i-R_i	−0.702	−0.613	−0.470	−0.318	0.432	−0.136	0.252

表 3-5 河北省 2011—2015 年能源终端消费行业 *L*、*J*、*V* 值

Table 3-5 The *L*, *J* and *V* value of the energy terminal consumption structure from 2011 to 2015 in Hebei Province

时间	L	J	V
2011—2015 年	0.700	1.036	0.676

根据上述表格可得分析结果如下。

(1)N_i值为全国增长份额，反映了全国不同行业的能源终端消费量的变化情况。$N_i>0$，这说明 2011—2015 年全国所有 7 类能源终端消费行业的能源消费量均处于增长状态。

(2)P_i值为产业结构转移份额，反映了河北省能源终端消费行业结构比重与全国相应行业结构比重差异而引起的河北省相对应行业能源消费量增长速度与全国平均速度的差异。P_i值越大，说明该行业的能源消费对河北省总体能源消费的作用越大。由结果显示可知，工业行业 Pi 值为 4735.98，远远超过其他所有能源终端消费行业。这说明，2011—2015 年，“十二五”期间工业对于河北全省能源消费的影响最大。

(3) D_i 值为区域竞争力份额，代表河北省不同行业能源消费量增速与全国同行业增速差异引发的偏差。D_i 值的大小反映了河北省在该行业的能源消费增长势头的快慢，D_i 越大说明河北省该行业能源投入增速越快。按照上表给出的数据，2011—2015 年河北省的生活消费行业能源增长速度超过了全国平均水平，但是同期的生活消费领域能源增长可能性远远小于全国平均水平。

(4)河北省 2011—2015 年能源终端消费行业 L、J、V 值反映了河北省能源消耗的总体趋势。$L=0.700<1$ 说明“十二五”期间河北省能源消费总体增速小于全国平均水平；$J=1.036>1$ 说明“十二五”期间河北省能源消费量大的行业比重较大，总体能源结构出现了轻微的不合理，能源结构对于河北省能源供应压力大，但是其值比 1 高出不多，表示“十三五”期间需要对高耗能行业给予足够重视就可以缓解目前所处现状；$V=0.676<1$ 说明“十二五”期间河北省各个能源消费行业的能源消耗总体增长趋势不大，未来一段时间能源供应压力较小，但是需要注意未来经济发展和生活能源消耗量增加对于河北省能源供应产生的压力。

(5)从上一小节可以得出，2015 年煤炭消费占约 77.6%，高于全国平均水平，天然气、非化石能源消费比重分别低于全国平均水平，河北省能源发展还处于油气替代煤、非化石能源替代化石能源梯级演进过程的底端。从表 3-5 中也可以看出，$J=1.036>1$ 说明“十二五”期间河北省能源消费结构不合理，后期需要继续优化能源结构，大力发展非化石能源的替代作用。

3.3.3.2　河北省能源偏离份额分析图

本小节我们通过绘制偏离份额分析图，更为直观地进行能源终端消费行业比较分类。能源终端消费结构优势分析图以 PD_i 为横坐标，N_i 为纵坐标，反映能源终端消费行业在总增量和部门增长优势方面的诸多类型；能源终端消费偏离分量分析图以 D_i 为横坐标，P_i 为纵坐标，反映各能源终端消费行业的结构优势和竞争力。根据能源终端消费结构偏离份额值表可绘制优势分析图和部门偏离分量分析图如下。

(1)部门优势分析图中，“十二五”期间河北省的批发零售住宿餐饮业、生活消费以及其他行业这三类能源终端消费行业位于 S1 象限，工业位于 S4 象限，其余三个行业位于 S5 象限，这表明“十二五”期间河北省批发零售住宿餐饮业、生活消费以及其他行业这三类能源终端消费行业相对于全国平均水平均具备一定的部门优势，在未来增长的可能性较大；工业能源终端消费在持续增长，相对全国平均水平来说，不

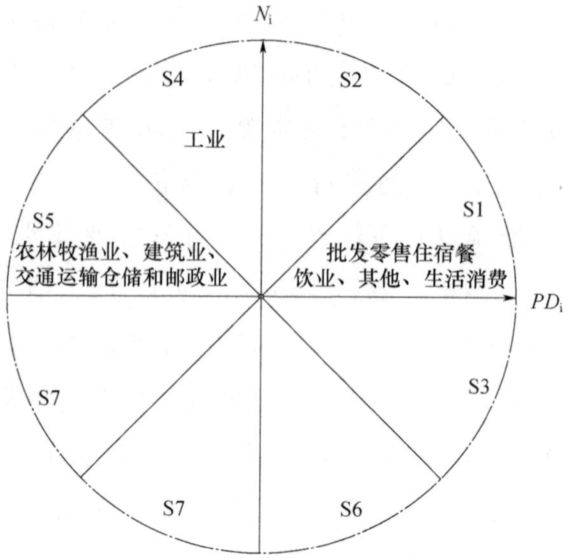

图 3-3　河北省 2011—2015 年能源终端消费结构优势分析

Figure 3-3　The advantage analysis of the energy terminal consumption structure from 2011 to 2015 in Hebei Province

具有明显优势；最后，农林牧渔业、建筑业、交通运输仓储和邮政业在总量上呈现负增长，虽为增长部门，但都不足以消除因部门优势或全国性衰退造成的负贡献。

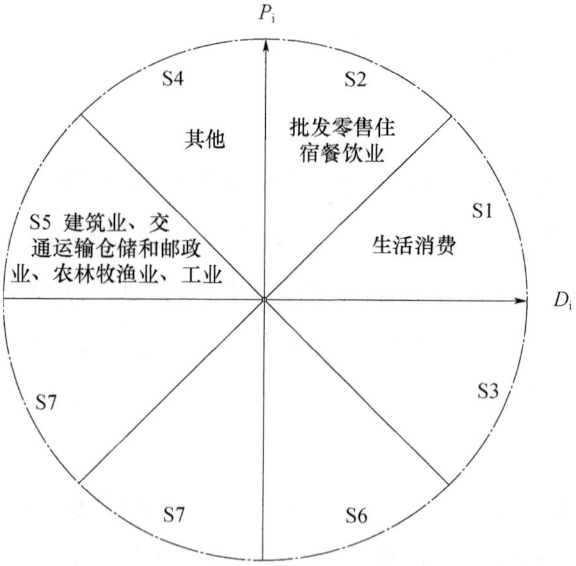

图 3-4　河北省 2011—2015 年能源终端消费偏离分量分析

Figure 3-4　The deviatoric component analysis of the energy terminal consumption structure from 2011 to 2015 in Hebei Province

（2）部门偏离分量分析图中，河北省生活消费位于 S1 象限，表明该行业“十二五”期间行业能源消费量很大，而且未来能源消费量持续快速增加的可能性很大；批发零售住宿餐饮业位于 S2 象限，表示该行业“十二五”期间能源消费量较大，且未来能源消费量快速提高的可能性很大；其他行业位于 S4 象限，表明该行业“十二五”期间能源消费量较大，而未来能源消费量快速增加的可能性较小；工业、建筑业、交通运输仓储和邮政业、农林牧渔业这 4 个行业位于 S5 象限，表明这四个行业“十二五”期间能源消费量较大，但未来可能会下降。

3.4　小结

本小节基于国际准则的能源供需体系计算方法和研究目的，适当地调整河北省能源平衡表，绘制了 2015 年河北省能流图（网络图），以及基于偏离份额法，以 2011—2015 年全国和河北的能源数据为基础，对河北省能源消费供需关系以及终端能源使用结构问题展开研究，为进一步 LEAP 的模型的构建提供数据基础，得出主要结论如下。

（1）2015 年，煤炭仍是河北省的主要一次供应能源，占总供求的 76.70%；河北省电力以火电为主，而且火电的能源是煤，并且发电效率较低下，仅约为 37.3%；河北省 2015 年工业部门能源消耗占终端能源消耗的 77.7%，其次为生活消费行业，约为 10.7%，反映了河北省经济发展的特点，即以工业为主拉动经济发展。

（2）整个“十二五”期间，河北省的生活消费行业能源增长速度超过了全国平均水平，但是同期的生活消费领域能源增长可能性远远小于全国平均水平；各个能源消费行业的能源消耗总体增长趋势不大，未来一段时间能源供应压力较小，但是需要注意未来经济发展和生活能源消耗量增加对于河北省能源供应产生的压力；同时，通过偏离份额分析可以看出，“十二五”期间河北省能源消费结构不合理，后期需要继续优化能源结构，大力发展非化石能源的替代作用。

第 4 章　LEAP-Hebei 模型的构建

4.1　引言

随着世界各国对能源与环境问题的关注，不同的能源与环境建模工具也越来越多。作为一种“自下而上”的建模工具，LEAP 模型广泛地被应用于能源政策分析和气候变化研究[120-123]。LEAP 模型能够核算用能部门和非用能部门的大气污染物排放(不限于温室气体)，并整合分析区域中能源终端消费、能源加工转换、资源开采和非用能部门的排放情况。目前，LEAP 模型已广泛用于产业结构与碳减排、碳排放情景预测、碳捕获等研究领域。

河北省具有经济发展较快，第二、三产业增长迅速，能源对外依存度高等特点，能源需求结构和增长模式呈现相似的特征。本章研究以河北省为例，在绘制 2015 年能源流动图(网络图)基础上，分析其能源供应与消费现状以及对环境和水资源的影响。因此，本章重点介绍 LEAP-Hebei 模型的特点、数据需求及建模思路。

4.2　LEAP-Hebei 模型数据需求

LEAP 模型数据需求在很大程度上取决于研究问题的视角。如要对各主要部门的总能耗进行集成分析，则需要“自下而上”的宏观数据集；如要对经济部门中不同设备和终端使用的能耗进行非集成分析，通常需要大量的自下而上的详细数据。相对于其他模型，LEAP 模型的初始数据需求相对简单，一般主要包括以下几个方面[143]。

(1)人口统计数据:总人口数、城市化率、平均家庭规模;其他数据包括各地区人口、性别比例、年龄结构。

(2)经济统计数据:GDP/GNP、部门/子部门附加值、平均收入水平、利率、通货膨胀率;其他数据包括就业/失业统计、投资/国民储蓄率;基于 LEAP 模型的能源部门分析可以与外部宏观经济分析或宏观经济模型相连接。

(3)基本能源数据:包括能源消费和生产的分部门或子部门的能源平衡表;能源政策和规划;有关石油、天然气、电力和其他相关燃料生产、消费等的年度统计报告;已出版的综合能源规划或温室气体减排评估报告。

(4)能源需求端数据:活动水平(各部门、终端利用及设备燃料所占比例)、能源强度;其他实用数据:不同部门能耗相关的社会调研、部门或企业的能源销售报告。

(5)能源转换数据:分为电力部门、原油精炼、原油开采、可再生能源、生物质能和其他部门等数据。

(6)环境相关数据:温室气体与其他大气污染物的排放因子;LEAP 模型内嵌环境数据库(Environmental Data Base,EDB)可调用 IPCC(Intergovernmental Panel on Climate Change)的排放因子[144]。

(7)燃料相关数据:能源含量、化学成分;LEAP 包含完善的燃料及参数列表。

本节使用 LEAP-Hebei 模型对所有产业能耗与排放建模,为需求端建模,故需要的数据主要包括能源供给情况、能源终端消费结构及环境排放因子等数据。能源供给与需求数据来自于《中国能源统计年鉴 2016》[142]地区能源流动平衡表;经济与人口统计数据来源于《河北省经济年鉴 2016 年》[145];温室气体的排放因子数据参考内嵌环境数据库 EDB 可调用的 IPCC 的排放因子,并结合河北省当地排放情况进行本地化,具体数据情况、基准参数与情景设置在下列章节详细描述。

4.3　LEAP-Hebei 模型建模思路

图 4-1 展示了 LEAP 模型的详细结构及能源建模的基本流程。本节主要选

择 LEAP 模型的两个模块,一个是终端能源需求分析模块,另一个是环境影响模块。使用 LEAP 软件进行能源建模主要包括以下几个步骤。

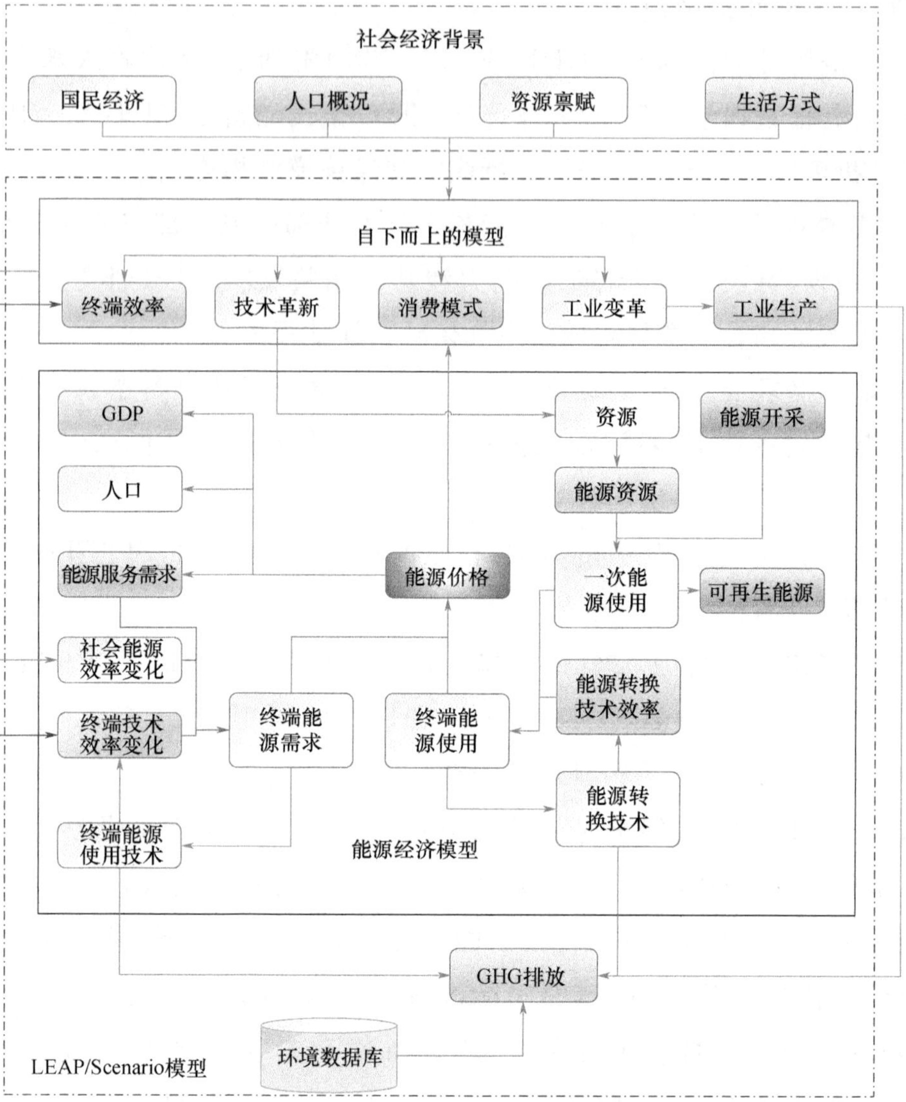

图 4-1 LEAP 模型一般框架结构

Figure 4-1 The frame system of LEAP

(1)研究类型的确定。在使用 LEAP 模型进行能源建模之前,首先需要明确能源研究的类型,即明确所研究问题是能源需求分析、能源转化分析、资源分析或者是环境分析等。LEAP 也可以将这些不同分析结合起来进行综合能源规划建模和温室气体减排分析,而这两种研究都需要建立在综合社会成本效益分析的基础上。

(2)研究对象及范畴选定。在确定了研究类型之后,需要选定研究对象,所研究的区域是一个国家、区域还是城市,研究对象是该地区的整个能源系统,还是能源系统的某个子部门。基准年与预测的时长的选定,也是在研究初期需要确定的问题。

(3)数据结构建立。在选定了研究对象及范畴之后,需要使用LEAP建立所研究对象能源系统的数据结构。LEAP中对能源需求、转化和资源建模时一般采用层次树的数据结构,层次树中的不同分支从上到下依次代表部门、子部门、终端利用以及最基本的底层设备及燃料等。

(4)情景分析。在建立了数据结构、输入基础数据之后,就需要对所研究的能源系统进行情景分析。情景分析是LEAP进行能源建模的核心,其中情景是在一种特定的人口和社会经济环境以及一组特定的政策条件下有关能源系统将会如何随时间演化的趋势线。

(5)结果分析与政策启示。对情景分析结果进行详细分析,关注不同政策措施的设置对于能源系统演化的影响,得到具有实际指导意义的政策启示。

4.3.1 LEAP-Hebei模型架构

根据LEAP模型的结构与特点以及数据的可获得性,建立河北省LEAP-Hebei模型,用以预测河北省长期能源消费量及温室气体排放情况。该能源消费总量覆盖整个河北省的终端能源消费量及能源加工转化量,本节在河北省LEAP-Hebei模型上设置两个模块计算河北省能源需求量,即终端能源需求模块和加工转换模块,其中将终端耗能部门分为农林牧渔业、工业、建筑业、交通运输仓储和邮政业、批发零售业和住宿、餐饮业、其他以及生活消费行业。在LEAP-Hebei建模时,考虑能源效率转化以及数据获取等多方面问题,将进一步对能源需求行业进行分类合并,第一产业为农林牧渔业;第二产业包括工业、建筑业;第三产业为交通运输仓储和邮政业、批发零售业和住宿、餐饮业、其他;以及生活消费行业,其中居民生活用能分为城镇居民用能和农村居民用能,其他用能不再进一步细分。河北省能源加工转换部门分为火力发电、供热、煤炭洗选、炼焦、炼油及煤制油、制气、煤制品加工等子部门,依据河北省自身特点,本节所构建的河北省LEAP-Hebei模型仅包括火力发电、供热和炼油三大高耗能的能源加工转换部门。在所建立的LEAP-Hebei模型中,本次研究以2015年为基准年(可获取数据最全的一年)，预测期为 2016—2050 年，并设置四种情景，即基准情景、产业结构优化情景、能源消费结构优化情景和低碳发展情景，每种情景根据需求可以细分，分别预测不同种情景下的河北省长期能源需求及温室气体排放量，根据预测结果，提出相应的温室气体减排措施。本节所构建的 LEAP-Hebei 模型结构如表 4-1 和图 4-2 所示。

表 4-1　LEAP-Hebei 模型能源供需结构

Table 4-1　The supply and demand relationship of the LEAP-Hebei model

<table>
<tr><th colspan="2">能源消耗部门</th><th>子部门</th><th>能源类型</th><th>能源消耗</th><th>碳排放</th><th>情景设置</th></tr>
<tr><td rowspan="8">终端需求部门</td><td>第一产业</td><td>农林牧渔业</td><td>煤炭、石油、天然气、热力、电力</td><td rowspan="14">活动水平×能源强度</td><td rowspan="14">能源消耗量×排放系数</td><td rowspan="14">基准情景
产业结构优化情景
能源结构优化情景
低碳发展情景</td></tr>
<tr><td rowspan="2">第二产业</td><td>工业</td><td>煤炭、石油、天然气、热力、电力</td></tr>
<tr><td>建筑业</td><td>煤炭、石油、天然气、热力、电力</td></tr>
<tr><td rowspan="3">第三产业</td><td>交通运输仓储和邮政业</td><td>煤炭、石油、天然气、热力、电力</td></tr>
<tr><td>批发零售业和住宿、餐饮业</td><td>煤炭、石油、天然气、热力、电力</td></tr>
<tr><td>其他(服务业)</td><td>煤炭、石油、天然气、热力、电力</td></tr>
<tr><td rowspan="2">生活消费</td><td>城镇生活</td><td>煤炭、石油、天然气、热力、电力</td></tr>
<tr><td>农村生活</td><td>煤炭、石油、天然气、热力、电力</td></tr>
<tr><td rowspan="6">转化部门</td><td>火力发电</td><td>发电</td><td>煤炭、石油、天然气</td></tr>
<tr><td>供热</td><td>热力</td><td>煤炭、石油、天然气</td></tr>
<tr><td>炼焦</td><td>煤炭转换</td><td>煤炭</td></tr>
<tr><td>炼油</td><td>石油加工</td><td>石油</td></tr>
<tr><td>洗煤</td><td>煤炭洗选</td><td>煤炭</td></tr>
<tr><td>煤制品</td><td>煤炭加工</td><td>煤炭</td></tr>
</table>

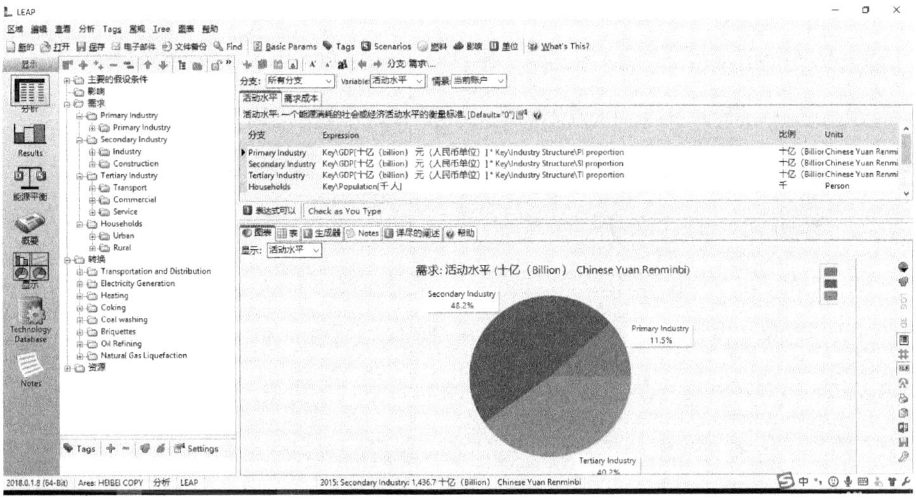

图 4-2　LEAP-Hebei 模型基本框架界面

Figure 4-2　The framework interface of the LEAP-Hebei model

4.3.2　LEAP-Hebei 模型驱动因子分析

影响河北省长期能源需求量以及碳排放量的驱动因素很多，根据分析，这些驱动因素主要涉及两个方面，分别为宏观经济因素、国家或河北省政策因素。宏观经济因素主要包括人口、城镇化率、GDP 以及产业结构等，由于这些因素的改变会影响能源消费的方式，进而影响河北省的能源消费量和碳排放量。国家或河北省政策因素主要指的是国家或河北省出台的一些关于能源结构或政策以及先进技术等来影响河北省的能源消耗量。

4.3.2.1　宏观经济因素

(1)人口情况

一个地区的人口数量必然会影响该地区的能源消费总量，且该地区的能源消费总量会随着人口数量的上升而增大，人口城镇化是社会发展的必然规律，人口的增加必然导致城市人口密度的增加，人民生活水平、消费水平会得到提升，导致其在对衣、食、住、行等方面的需求总量增大，由此会带动当地各相关部门的经济发展及其对能源的需求，从而增加了二氧化碳排放量[146]。

据河北省统计局抽样调查结果，2015 年末河北省常住人口 7424.92 万，较上年同期增加 41.17 万人，“十二五”期间年均增长 6.35‰，年均增加 46.26 万人，

“十二五”期间河北全省人口保持稳定低速增长。从区域分布看，有两个设区市人口在千万以上，分别为保定市（不含定州市）1034.90 万人、石家庄市（不含辛集市）1007.11 万人；人口最少的设区市为秦皇岛市，常住人口 307.32 万。其余各市分别为邯郸市 943.30 万人、唐山市 780.12 万人、沧州市 744.30 万人、邢台市 729.44 万人、廊坊市 456.32 万人、衡水市 443.54 万人、张家口市 442.17 万人、承德市 353.01 万人、定州市 120.34 万人、辛集市 63.05 万人。

本次研究对河北省 1978—2015 年的常住人口数建立时间序列模型，人口数据来自《河北省经济年鉴 2016》[145]，以预测 2016—2050 年的河北省常住人口数。1978—2015 年河北省常住人口数及人口变动情况如表 4-2 所示。

表 4-2 河北省 1978—2015 年常住人口数量以及人口变动情况表

Table 4-2 The permanent population and the changes in Hebei Province from 1978 to 2015

年份	总人数（万）	增长率（%）	年份	总人数（万）	增长率（%）
1978	5057	14.39	1997	6525	6.29
1979	5105	13.5	1998	6569	6.83
1980	5168	14.01	1999	6614	6.73
1981	5256	17.94	2000	6674	5.09
1982	5356	13.41	2001	6699	4.98
1983	5420	11.31	2002	6735	5.28
1984	5487	11.32	2003	6769	5.16
1985	5548	11.8	2004	6809	5.79
1986	5627	14.3	2005	6851	6.09
1987	5710	16.5	2006	6898	6.23
1988	5795	14.85	2007	6943	6.55
1989	5881	14.75	2008	6989	6.55
1990	6159	13.64	2009	7034	6.5
1991	6220	9.86	2010	7194	6.81
1992	6275	8.9	2011	7241	6.5
1993	6334	9.32	2012	7288	6.47
1994	6388	8.43	2013	7333	6.17
1995	6437	7.61	2014	7384	6.95
1996	6484	7.3	2015	7425	5.56

注：数据来自《河北省经济年鉴 2017》。

应用 EViews 9.0 对河北省人口序列进行单位根检验，得出 ADF 的结果值为 －1.82，均大于 EViews 给出的 1%～10%显著水平的 ADF 临界值，因此人口序列是非平稳的。

差分是使非平稳序列平稳化的主要方法，因此对上述数据进行一次差分得出 ADF 值为－4.9，小于 EViews 给出的 1%显著水平的临界值，说明经过差分后的人口时间序列已经平稳，可以进行人口预测，得出 2016—2050 年人口数见表 4-3。

表 4-3 河北省 2016—2050 年预测常住人口数量(单位：百万人)

Table 4-3 The predicted population from 2016 to 2050 in Hebei Province(Unit: million persons)

年份	人口数量	年份	人口数量
2016	75.2	2034	87.4
2017	76.1	2035	87.9
2018	77.1	2036	88.5
2019	78.1	2037	89.1
2020	78.7	2038	89.6
2021	79.3	2039	90.2
2022	80.0	2040	90.8
2023	80.6	2041	91.3
2024	81.3	2042	91.9
2025	81.9	2043	92.4
2026	82.6	2044	93.0
2027	83.2	2045	93.5
2028	83.9	2046	94.1
2029	84.6	2047	94.7
2030	85.1	2048	95.2
2031	85.7	2049	95.8
2032	86.2	2050	96.4
2033	86.8	—	—

(2)GDP 情况

能源是必不可少的生产要素之一，能源消费的增长速度常常被作为判断经济形势的一个重要指标[147]。随着河北省经济快速发展，第二产业对经济的贡献率不断增加。近 10 年，第二产业经济比重均超过了 50%，为区域国民经济的发展做出了重大贡献。但是第二产业的快速发展也带来能源消耗量的迅速攀升，河北省能源消耗总量从 1990 年的 6124 万吨标准煤增长到 2015 年的 28813 万吨标准煤，河北省能源消费量在全国 31 个省(区、市)中排名第二，河北省在全国人均 GDP 只排在第 20 位，能源消耗总量却占全国的 7.2%，能源消耗强度为 0.97 吨标准煤/万元。本次研究采用 1991—2015 年的统计数据，使用最小二乘模型，对长时间序列的河北省经济增长情况进行分析，辅助 LEAP-Hebei 模型的构建，河北省 1991—2015 年 GDP 和 GDP 增长率的数据见表 4-4。

表 4-4 河北省 1991—2015 年 GDP 和 GDP 增长率情况表

Table 4-4 The GDP and the GDP growth rate in Hebei Province from 1991 to 2015

年份	GDP(亿元)	增长率(%)	年份	GDP(亿元)	增长率(%)
1991	1072.07	11	2004	8503.61	12.9
1992	1278.5	15.6	2005	10047.1	13.4
1993	1690.84	17.7	2006	11513.6	13.2
1994	2187.49	14.9	2007	13662.32	12.8
1995	2849.52	13.9	2008	16079.97	10.1
1996	3452.97	13.5	2009	17319.48	10
1997	3953.78	12.5	2010	20494.19	12.2
1998	4256.01	10.7	2011	24647.13	11.3
1999	4514.19	9.1	2012	26734.12	9.6
2000	5043.96	9.5	2013	28627.57	8.2
2001	5516.76	8.7	2014	29623.97	6.5
2002	6018.28	9.6	2015	30025.07	6.8
2003	6921.29	11.6	—	—	—

注：数据来自《河北省经济年鉴 2017》。

通过 EViews 9.0 先对河北省 GDP 数据进行时间序列数据检验，得出 ADF 的结果值为 3.1，均大于 EViews 给出的 1%～10%显著水平的 ADF 临界值，因此判定 GDP 是非平稳的。模型进行二次差分得出 ADF 值为－3.46，小于 EViews 给出的 5%显著水平的临界值，此时 GDP 序列已经达到平稳，应用模型公式得出 2016—2050 年 GDP 预测值见表 4-5。

表 4-5　河北省 2016—2050 年预测 GDP 结果(单位:万亿元)

Table 4-5　The predicted GDP from 2016 to 2050 in Hebei Province(Unit:billion yuan)

年份	GDP	年份	GDP
2016	3.2	2034	10.7
2017	3.4	2035	11.3
2018	3.7	2036	12.0
2019	4.0	2037	12.7
2020	4.3	2038	13.5
2021	4.6	2039	14.3
2022	4.9	2040	14.9
2023	5.3	2041	15.6
2024	5.6	2042	16.3
2025	6.0	2043	17.0
2026	6.5	2044	17.8
2027	6.9	2045	18.6
2028	7.4	2046	19.4
2029	8.0	2047	20.3
2030	8.5	2048	21.2
2031	9.0	2049	22.2
2032	9.5	2050	23.2
2033	10.1	—	—

(3)城镇化率

城镇化率是衡量一个城市城镇化水平高低的量度指标,其可以反映一个城市的经济发展水平,城镇化率的提高会带动当地的经济发展及 GDP 的增长,并推进当地的工业化进程[148],目前河北省正处于城镇化与工业化快速发展时期,依照当前的发展与技术水平,工业化的不断推进必然引起其对能源需求的不断增强。河北省印发的《河北省新型城镇化与城乡统筹示范区建设规划(2016—2020 年)》[149]提出,到 2020 年,努力实现 1000 万左右农业转移人口和其他常住人口在城镇落户,全省常住人口城镇化率达到 60%左右,户籍人口城镇化率达到 45%左右。到 2020 年,河北省新型城镇化建设与城乡统筹发展取得明显成效,与北京、天津共同构成层级结构合理的城市群,全省城镇化率力争达到全国水平,2015 年,河北省城镇常住人口 3811.21 万人,常住人口城镇化率突破了 50%,达到 51.33%。首次超过乡村人口。

本次研究对河北省1996—2015年的城镇化率建立时间序列模型，城镇化率数据来源于《河北省经济年鉴2016》[145]，以预测2016—2050年的河北省城镇化率。1996—2015年城镇化历史发展趋势如表4-6所示。

表4-6 河北省1996—2015年河北省城镇化率

Table 4-6 The urbanization rate in Hebei Province from 1996 to 2015

年份	城镇化率(%)	年份	城镇化率(%)
1996	17.75	2006	38.44
1997	18.22	2007	40.25
1998	18.6	2008	41.9
1999	18.97	2009	43
2000	19.6	2010	44.5
2001	20.35	2011	45.5
2002	31.86	2012	46.8
2003	33.52	2013	48.1
2004	35.83	2014	46.51
2005	37.69	2015	51.33

注：数据来自《河北省经济年鉴2017》。

同样应用EViews 9.0先对河北省城镇化率时间序列数据进行单位根检验，得出ADF的结果值为－0.59，均大于EViews给出的1%～10%显著水平的ADF临界值，因此城镇化率是非平稳的。模型进行一次差分得出ADF值为－4.29，小于EViews给出的1%显著水平的临界值，城镇化率序列已经达到平稳，应用模型公式得出2016—2050年城镇化率见表4-7。

表4-7 河北省2016—2050年预测城镇化发展状态(单位：%)

Table 4-7 The predicted urbanization rate from 2016 to 2050 in Hebei Province(Unit：%)

年份	城镇化率	年份	城镇化率
2016	54.1	2034	75.0
2017	56.8	2035	75.5
2018	59.5	2036	76.0
2019	62.3	2037	76.5
2020	65.0	2038	77.0

续表

年份	城镇化率	年份	城镇化率
2021	65.8	2039	77.5
2022	66.6	2040	78.0
2023	67.4	2041	78.5
2024	68.2	2042	79.0
2025	69.0	2043	79.5
2026	69.8	2044	80.0
2027	70.6	2045	80.5
2028	71.4	2046	81.0
2029	72.2	2047	81.5
2030	73.0	2048	82.0
2031	73.5	2049	82.5
2032	74.0	2050	83.0
2033	74.5	—	—

(4)产业结构

一个地区三次产业在产业结构中的比重直接影响着该地区的能源效率。尽管改革开放以来，河北省的能源效率一直处于提高阶段，但仍远远低于世界平均水平，其中主要工业产业的单位能耗比国外先进水平高出 30％以上。河北省属于能源消耗大省，由于河北省第二产业所占比例较高，在第二产业中高能耗、低效率的重工业所占比例较大，同时由于河北省煤炭消费比重过高，致使能源效率处于较低水平。所以，提高能源效率、优化产业结构是河北省发展经济、解决能源紧缺、保护环境的必经之路。本次研究在分析河北省产业结构历史数据(图 4-3)的基础上，确定基准情景发展模式下河北省三次产业结构比例为：第一产业为 10％、第二产业为 50％、第三产业为 40％。

4.3.2.2　政策因素

一个国家或地区所出台的政策对于该国或地区的经济发展方向具有指导意义，也可以说是影响该国家或地区社会经济发展的最大因素[42]。影响河北省长期能源消费量及温室气体排放量的政策主要包括河北省未来发展规划、与能源结构、能源技术相关的政策以及相关环保政策，例如，《河北省“十三五”能源发展规划》明确指出河北省能源发展目标，主要包括控制总量、保障供应、优化结构、节能

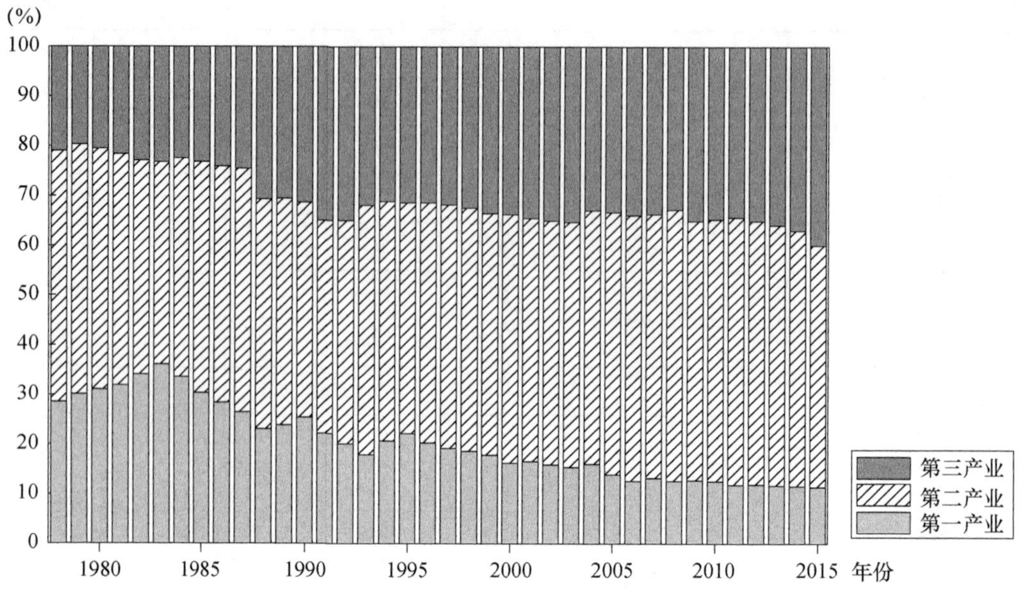

图 4-3　河北省 1978—2015 年三次产业比重(单位:%)

Figure 4-3　The rate of three industries in Hebei Province from 1978 to 2015(Unit:%)

减排、改善民生 5 个方面,共 22 个具体指标。这些目标全面体现了加快推进能源生产消费革命的战略要求。在具体目标的确立上,重点突出了以下两个方面:一是落实能源革命战略和有关政策要求,体现了节约、清洁、安全战略方针,与国家有关重大战略举措对河北省具体要求紧密衔接;二是满足河北省经济社会发展实际要求,在总量、结构、效率等方面,既体现了河北省能源消费需求、生产供应、自然资源等方面客观状况和发展条件,又衔接了协同发展、产业转型、大气污染防治等重大部署;再如《京津冀能源协同发展行动计划(2017—2020)》提出能源战略协同、能源设施协同等"八大协同"[150]。本次研究情景设置全面考虑国家和河北省能源、环境发展政策,具体如下:《国家应对气候变化规划(2015—2030)年》《河北省"十三五"能源发展规划》《河北省"十三五"规划》《中国应对气候变化的政策与行动要求(2015 年度报告)》《张家口"十三五"规划》。

4.3.3　LEAP-Hebei 模型能耗与碳排放系统边界

4.3.3.1　碳排放系统边界的设定

能源终端消费整个过程产生的生态影响种类繁多,但是并不是同样重要,因此在进行生态影响评价前,需要确定要纳入评价的生态影响种类,确定标准是所选择的生态影响类型应与预先定义的研究目的和范围一致。综合考虑 LEAP 模型能源分析和规划的特点和优势，本次研究仅对能源转化与终端消费环节引起的碳排放予以估算，以使结果更具说服力，需要考察的生态评价的系统边界和范围如图 4-4 所示。

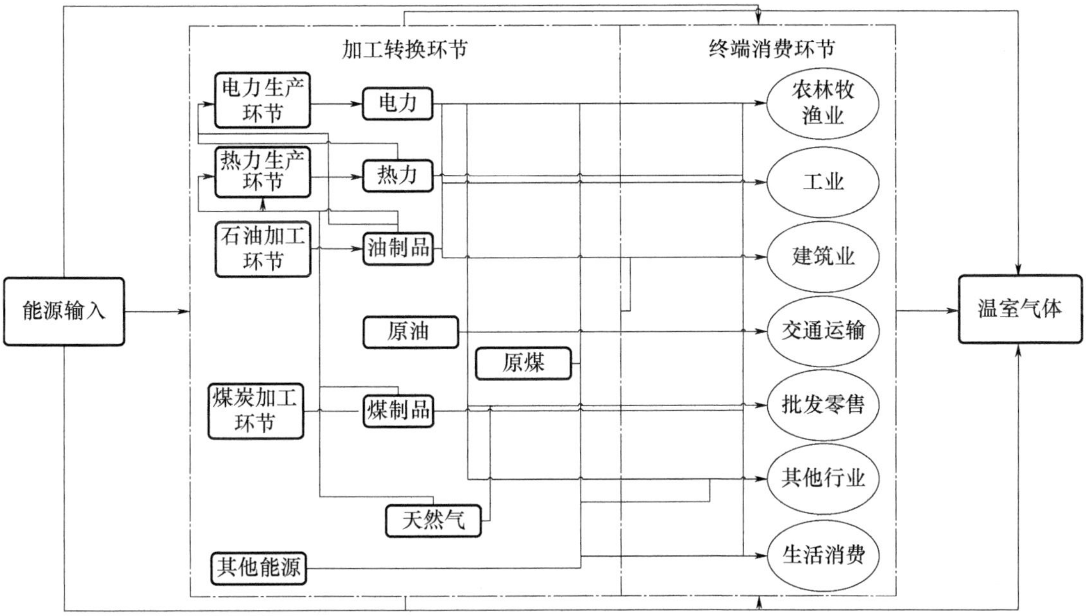

图 4-4　LEAP-Hebei 模型碳排放核算边界

Figure 4-4　The accounting boundary of carbon emission in LEAP-Hebei model

4.3.3.2　碳排放因子的参数本地化

本节中的环境排放因子参考模型中的默认排放因子，并依据河北省的实际情况，通过《中国能源统计年鉴 2016》[142]附录 4 的平均低位发热量，结合《省级温室气体排放因子》的单位热值含碳量和碳氧化率进行有效碳排放因子本地化得到，环境排放因子如表 4-8 所示。

表 4-8　LEAP-Hebei 模型各能源品种有效碳排放因子

Table 4-8　The carbon emission factor of the energy in LEAP-Hebei model

能源产品	平均低位发热量（kJ/kg）	单位热值含碳量（GJ/T）	碳氧化率（%）	有效碳排放因子（tCO_2/tce）
原煤	20908	26.37	0.94	2.67
洗精煤	26344	25.41	0.94	2.56

续表

能源产品	平均低位发热量(kJ/kg)	单位热值含碳量(GJ/T)	碳氧化率(%)	有效碳排放因子(tCO_2/tce)
其他洗煤	8363	25.41	0.94	2.57
型煤	26608	33.56	0.94	5.13
焦炭	28435	29.42	0.93	2.94
焦炉煤气	16726	13.58	0.98	1.33
高炉煤气	16308	13.58	0.98	0.62
转炉煤气	16308	13.58	0.98	0.15
其他煤气	5227	12.20	0.98	0.06
其他焦化产品	28435	29.50	0.93	2.20
原油	41816	20.08	0.98	2.11
汽油	43070	18.90	0.98	1.99
煤油	43070	19.60	0.98	2.06
柴油	42652	20.20	0.98	2.12
燃料油	41816	21.10	0.98	2.22
LPG	50179	17.20	0.98	1.81
炼厂干气	45998	18.20	0.98	1.91
天然气	32238	15.30	0.99	0.13
其他石油制品	41916	20	0.98	2.15
热力	—	—	—	—
电力	—	—	—	—
生物质能	16726	20.50	0.98	1.31

注：中国国家标准《综合能耗计算通则》(GB/T 2589—2008)规定低(位)发热量等于 29307 kJ 的燃料，称为 1 kg 标准煤。

4.4 情景设置

本次研究须在应用 LEAP-Hebei 软件的基础上分析不同情景下河北省长期能源消耗量及 CO_2 排放量，而对于情景的选择及设计上需要考虑的因素很多，如河北省 GDP 增长潜力、人口增长潜力、能源技术现状、能源政策及河北省城市发展规划等，本次研究通过对河北省未来发展的合理构想，并通过设置上述相关参数且将其逐一量化，将河北省未来发展情景设置为四种情景，所有情景需要满足河北省经济社会发展需求(GDP、人口以及城市发展情况保证正常发展)，即基准情景（Reference Scenario，REF）、产业结构优化情景（Industrial Structure Optimization Scenario，ISO）、能源消费结构优化情景（Terminal Energy Structure Optimization Scenario，TSO）和低碳发展情景（Low Carbon Development Scenario，LCD）（图 4-5）。

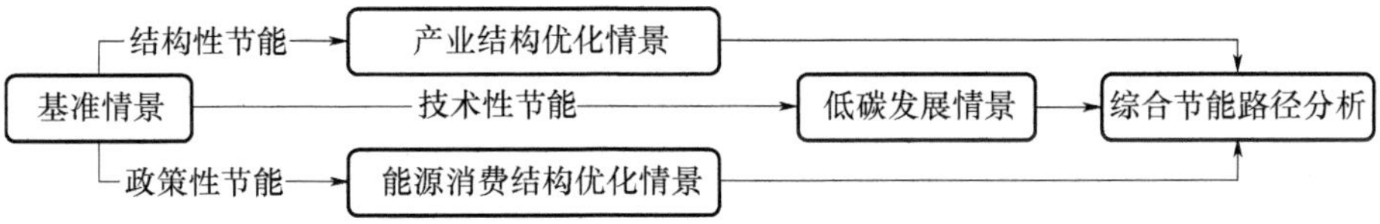

图 4-5　LEAP-Hebei 模型情景结构设置

Figure 4-5　The scenario structure of LEAP-Hebei model

4.4.1　关键参数的率定

（1）人口发展规模

人口是能源消费和碳排放总量的重要驱动因子，对于本书研究区域，一方面考虑雄安新区的设立，就业机会增多，外来定居人口增多，但增长速度是逐渐减缓的；另一方面，考虑“十三五”期间河北省全面二孩的计划生育国策全面开放，这也将导致河北省“十三五”期间人口增长率将会有所提高，但增长速度是逐渐减缓的。依据河北省 2000—2015 年人口规模情况、河北省自然增长率和老龄化率情况以及同时参考上一小节针对人口发展时间序列趋势预测值，我们将河北省“十三五”人口平均增长率设置为 1.5%，到 2020 年河北省人口总量为 7677 万，顺应“十三五”发展趋势 2030 年河北省总人口达到 8163.24 万，2040 年达到 9151.95 万，2050 年达到 9716.13 万。具体设置如下。

表 4-9　LEAP-Hebei 模型人口发展规模参数设置

Table 4-9　The parameter setting of population scope in LEAP-Hebei model

年份	模式发展	
	人口（万）	年均增速
2015	7424.92	—
2020	8056.23	1.50%
2030	8577.80	0.70%
2040	9151.95	0.65%
2050	9716.13	0.60%

（2）GDP 发展状况

“十三五”期间国家实施“一带一路”倡议，为河北省打开新的通道，在新常态京津冀协同发展规划下，经济将以中高速趋势发展，在保证河北省经济发展质量及效益不断提高的基础上，到 2020 年河北省 GDP 要突破 40000 亿元，河北省 2010 年的 GDP 为 29806.11 亿元，2020 年 GDP 将达到 42790.36 亿元，年均增长率约 7%，为满足河北省经济正常发展，同时参考政策规划以及 GDP 发展时间序列趋势预测值，本节将河北省经济发展情况以及平均增长率设置如表 4-10 所示。

表 4-10 LEAP-Hebei 模型经济发展规模参数设置

Table 4-10 The parameter setting of economic development in LEAP-Hebei model

年份	模式发展	
	GDP（亿元）	年均增速
2015	29806.11	—
2020	42790.36	7.5%
2030	85761.79	7.2%
2040	153586.32	6.0%
2050	238514.85	4.5%

（3）城镇化率

河北省“十三五”期间将继续推进城镇化，新型城镇化进程进一步加快，城镇体系更趋合理，城镇功能和服务能力显著提升，城乡发展一体化水平进一步提高，参考河北省城镇规划以及时间序列趋势发展预测值，本次研究设置河北省 2015 年城镇化率为 51.33%，到 2020 年城镇化率将达到为 65%，2030 年将达到 73%，到 2050 年，河北省将拥有 83%的城镇化率，具体设置如下。

表 4-11 LEAP-Hebei 模型城市发展水平参数设置

Table 4-11 The parameter setting of urban development in LEAP-Hebei model

年份	城镇化模式发展
2015	51.33%
2020	65.00%
2030	73.00%
2040	78.00%
2050	83.00%

基于以上各主要影响因素参数的设置，综合考虑未来河北能源发展规划、碳排放减排目标以及河北省"十三五"规划和《中国应对气候变化的政策与行动要求(2015 年度报告)》，加大煤炭清洁化，利用河北的地域优势，大力发展可再生能源，加强工业节能减排，推动新能源汽车的发展，整体上降低化石燃料的比重。设置了基准情景、产业优化情景、能源结构优化情景和低碳发展情景，在低碳发展情景上内嵌一个碳捕捉 CCS 技术的火力发电的子情景。现详细描述如下。

4.4.2　基准情景

本次研究设置基准情景为其他三个情景的基础，即不干预河北省经济发展状况，满足目前经济需求以及规划纲要发展目标，其他三种情景均以基准情景为参考依据，在此基础上进行产业结构、能源消费结构以及低碳技术的实施。具体参数设置如下：在上述设置的人口、GDP、城镇化率关键参数条件发展下，2015—2050 年期间产业结构保持不变，采用基准年相同的电力/热力生产结构，终端部门能源消费结构保持不变，各行业的能源强度、能源利用效率，以及火力发电、供热、炼油等加工转换部门的转换效率等按照基准年能源现状发展。

4.4.3　产业结构优化情景

产业结构调整是影响经济增长的重要因素，"十三五"时期是河北省重大战略机遇叠加期，中央关于京津冀协同发展的战略部署，使京津冀城市群成为带动全国发展的主要空间载体，为河北省加快转型、加速产业升级注入了前所未有的动力和活力。国家实施创新驱动发展战略，特别是"互联网＋"等行动计划，为河北省加快传统产业改造升级，促进产业升级提供了重要机遇。"去产能、去库存、去杠杆、降成本、补短板"的系列政策措施，为河北供给侧结构性调整提供了有利条件。河北省"十三五"规划指出，河北省产业结构调整要取得实质性的进展，必须加快转型升级，坚持科学发展，着力推进供给侧结构性改革，深入实施创新驱动发展战略，推进经济结构战略性调整。河北省产业结构要不断优化，第一产业比例逐年下降，第二产业目前所占比重最大，但正逐步减少，第三产业比例处于上升趋势。随着不断深入发展，河北省进入后工业化时代，未来产业发展继续利用京津冀产业梯度优化产业结构，保持第一产业的稳定发展，不断降低第二产业的发展，但要保持优势产业，着重发展第三产业，做好第三产业发展攻坚战，引领结构调整。同时规划指出，2020 年河北省第三产业增加值将达到 GDP 的 45%以上，2020 年后按照以往发展规律，具体三次产业结构设置如图 4-6 所示。

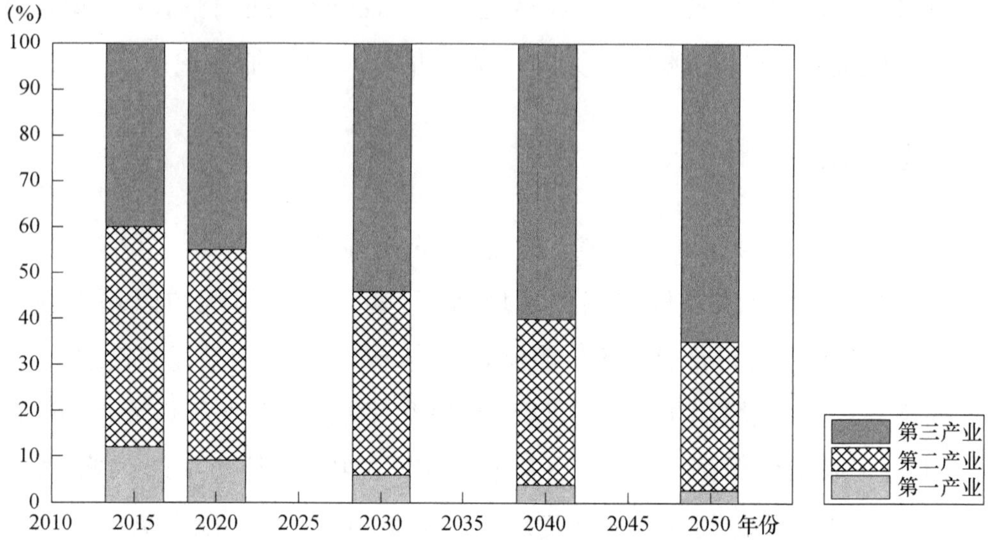

图 4-6　LEAP-Hebei 模型三次产业结构设置

Figure 4-6　The three industries structure of LEAP-Hebei model

在该情景中能源终端消费结构维持基准年水平，采用基准年相同的电力/热力生产结构，终端部门能源消费结构保持不变，各行业的能源强度、能源利用效率，以及火力发电、供热、炼油等加工转换部门的转换效率等按照基准年能源现状发展。

4.4.4　能源消费结构优化情景

能源结构反映了能源消费总量中各种能源所占的比例关系。以煤炭为主的能源消费，不但造成能源利用效率低、能耗指数高、环境污染严重，而且煤炭也是高排放的燃料。在河北省“十三五”规划中提出调整能源结构，煤炭实物消费量控制在 2.6 亿吨以内，在产业结构优化情景基础上，通过用能设备的更新改造和科学技术的进步以及可再生能源技术的开发加大煤炭清洁化，天然气消费比重提高到 10%以上，降低各行业单位产值能耗率，单位 GDP 能耗比 2015 年下降 19%。发电供热模块加大可再生能源比例，降低火力发电比例，风电、光电装机容量进一步提高。现阶段河北省火电行业 91%以上的发电量来自煤电，燃气发电规模尚不足以影响行业的整体发展趋势，逐步改善燃煤发电技术，淘汰低效率的燃煤电厂，提高火力发电效率。河北省目前还未有核电，由于现有资料的限制，本节在未来规划中没有考虑核电的发展；随着未来河北省供电要求，火力发电的规模将趋于平稳。风电、太阳能发电行业的发展情况基本符合国家规划发展情景，而河北地区拥有丰富的风能和太阳能，结合张家口地域优势，应大力发展风能和太阳能，运用于其他各部门并逐步向河北其他地区输出电力(《张家口国民经济和社会发展第十三个五年规划纲要》)，河北未来发电量比例构成设计如图 4-7 所示。

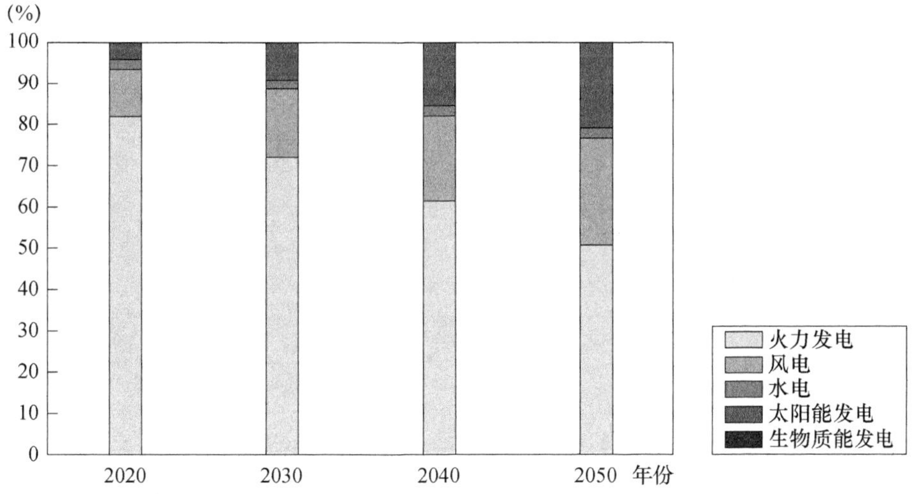

图 4-7　LEAP-Hebei 模型发电结构构成情况

Figure 4-7　The power structure of LEAP-Hebei model

随着居民生活水平的不断提高，能源需求量进一步扩大，加强节能技术的应用和可再生能源的利用。非化石能源占能源消费总量的比重达到 7%左右，具体参数设置如下。

(1)农林牧渔业部门：2015—2020 年，设置天然气、电力代替原煤、柴油的 5%，以后每 10 年替代增加值加 10%。

(2)工业部门：2015—2020 年，设置天然气、电力代替原煤、焦炭的 10%，以后每 10 年替代增加值加 15%。

(3)建筑业部门：2015—2020 年，设置天然气、电力代替柴油、汽油的 5%，2020—2030 年，设置天然气、电力代替柴油、汽油的 15%，以后每 10 年替代增加值加 15%。

(4)交通运输业部门:2015—2020 年,设置可再生能源代替汽油、柴油的10%,以后每 10 年替代增加值加 10%。

(5)商业部门:2015—2020 年,设置天然气、电力代替原煤的 20%,以后每 10 年替代增加值加 10%。

(6)其他服务业部门:2015—2020 年,设置天然气、电力代替原煤、汽油的15%,以后每 10 年替代增加值加 15%。

(7)发电模块:2015—2020 年,设置火力发电到 2020 年天然气代替原煤的5%;输配损失维持平稳,以后每 10 年替代增加值加 5%。

(8)供热模块:2015—2020 年,设置天然气代替原煤的 10%,以后每 10 年分别替代 13%、17%和 22%。

(9)居民消费部门:2015—2020 年,设置城镇生活部门,天然气、电力代替原煤的 20%,以后每 10 年替代增加值加 20%;2015—2020 年,设置农村生活天然气、电力代替原煤的 10%,2020—2030 年,设置农村生活天然气、电力代替原煤的20%,以后每 10 年替代增加值加 20%。

4.4.5 低碳发展情景

低碳发展情景是在能源结构优化情景基础上,坚持科技创新,采用先进设备及技术提高能效,进一步加大煤炭清洁化,提高天然气使用占比,并采取强制措施对高耗能,高污染工业部门进行大量削减。河北省将采取更强有力的措施,进行强控减排。在此情景下逐步淘汰低效率发电技术时,大力引进先进的发电技术,如超临界、超超临界发电技术等。将采用先进技术继续提高能效,进一步发展可再生能源,尤其在发电模块,加大风能、太阳能的利用,提高清洁能源的发电结构占比,具体设置如图 4-8 所示,其余部门低碳发展情景下各行业能源参数设置描述如下。

(1)农林牧渔业部门:设置单位增加值能耗年均分别下降 2.5%(2015—2020年)、4%(2020—2030 年)、2.5%(2030—2040 年)及 2%(2040—2050 年);2015—2020 年设置天然气、电力代替原煤、柴油的 5%,以后每 10 年替代增加值加 15%。

(2)工业部门:设置工业单位增加值能耗年均分别下降 4%(2015—2020 年)、4.5%(2020—2030 年)、3.5%(2030—2040 年)及 3%(2040—2050 年);设置天然气、电力代替原煤、焦炭的 10%。

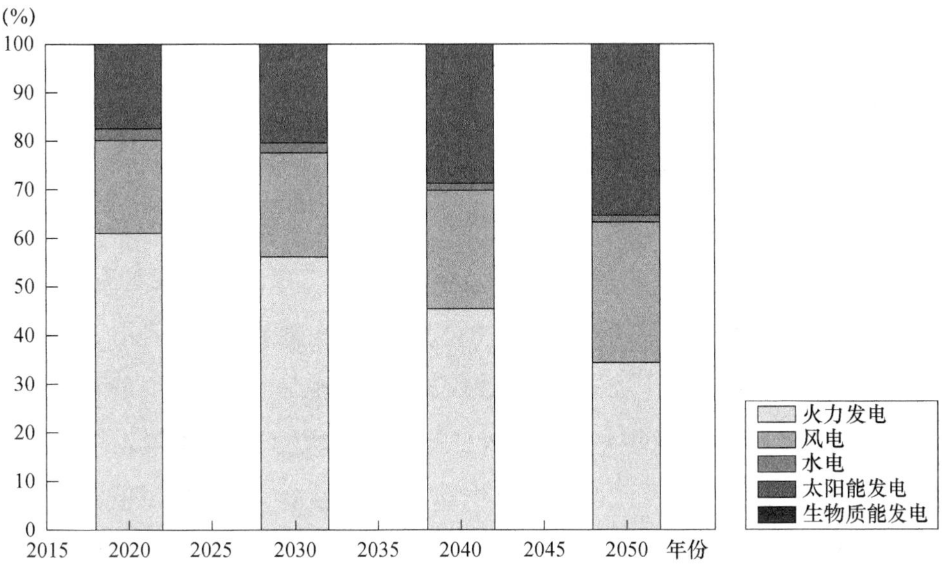

图 4-8 LEAP-Hebei 模型发电结构构成情况(低碳发展情景)

Figure 4-8 The power structure of LEAP-Hebei model in Low Carbon Scenario

(3)建筑业部门:设置工业单位增加值能耗年均分别下降 2.5%(2015—2020 年)、3%(2020—2030 年)、2.5%(2030—2040 年)及 2%(2040—2050 年);2015—2020 年,设置电力代替柴油、汽油的 5%,2020—2030 年,设置电力代替柴油、汽油的 5%,以后每 10 年替代增加值加 15%。

(4)交通运输业部门:2015—2020 年,设置单位增加值能耗年均下降 2.5%;2020—2030 年,设置单位增加值能耗年均下降 4%;2030—2040 年,设置单位增加值能耗年均下降 3.5%;2040—2050 年,设置单位增加值能耗年均下降 2.5%;2015—2020 年,设置可再生能源代替汽油、柴油的 10%,以后每 10 年替代增加值加 10%。

(5)商业部门:2015—2020 年,设置单位增加值能耗年均下降 3%;2020—2030 年,设置单位增加值能耗年均下降 4%;2030—2040 年,设置单位增加值能耗年均下降 3.5%;2040—2050 年,设置单位增加值能耗年均下降 3%;2015—2020 年,设置天然气、电力代替原煤的 20%,以后每 10 年替代增加值加 10%。

(6)其他服务业部门:2015—2020 年,设置单位增加值能耗年均下降 3%;2020—2030 年,设置单位增加值能耗年均下降 4%;2030—2040 年,设置单位增加值能耗年均下降 3.5%;2040—2050 年,设置单位增加值能耗年均下降 3%;2015—2050 年,分别设置每 10 年天然气、电力代替原煤、汽油的 15%、30%、50%

及 70%。

(7)发电模块:2015—2020 年,设置火力发电效率提高 10%,以后分别采用 IPCC 先进发电技术升级。

(8)供热模块:2015—2020 年,设置天然气代替原煤的 7%,以后每 10 年替代增加值加 7%。

(9)居民消费部门:2015—2020 年,设置城镇生活人均能源强度年均下降 0.5%,天然气、电力代替原煤的 20%,农村生活人均能源强度年均下降 0.5%,天然气、电力代替原煤的 10%;2020—2030 年,设置城镇生活人均能源强度年均下降 1%,天然气、电力代替原煤的 40%,农村生活人均能源强度年均下降 0.7%,天然气、电力代替原煤的 20%;2030—2040 年,设置城镇生活人均能源强度年均下降 1.2%,天然气、电力代替原煤的 60%,农村生活人均能源强度年均下降 0.9%,天然气、电力代替原煤的 40%;2040—2050 年,设置城镇生活人均能源强度年均下降 1%,天然气、电力代替原煤的 80%,农村生活人均能源强度下降 0.75%,天然气、电力代替原煤的 60%。

从减缓气候变化的角度看,除了采取节能措施外,碳捕捉与封存(CCS)技术同样是不可忽略的减排技术。在低碳发展情景下,CCS 技术被广泛使用,电力、热力碳排放更大幅度下降,内嵌 CCS 技术使用情景(LCD)具体内容为:2030 年,电力模块中,CCS 技术开始应用,火力发电中比例占到 10%;2040 年,电力模块中,CCS 技术得到发展,火力发电中比例占到 30%;2050 年,电力模块中,CCS 技术进一步发展,得到广泛使用,火力发电中比例占到 60%。

4.5 小结

本章重点介绍 LEAP-Hebei 模型的特点、数据需求及建模思路。

(1)在数据来源上明确以下三个方面数据来源:人口统计数据,如河北省总人口数、城市化率、平均家庭规模;经济统计数据,如 GDP/GNP、部门/子部门附加值、平均收入水平、利率、通货膨胀率等;基本能源数据,包括能源消费和生产的分部门或子部门的能源平衡表,能源政策和规划,有关石油、天然气、电力和其他相关燃料生产、消费等的年度统计报告,已出版的综合能源规划或温室气体减排评估报告。

(2)在建模思路上,介绍了 LEAP-Hebei 模型的详细结构及能源建模的基本流程:模型上设置两个模块计算河北省能源需求量,即终端能源需求模块和加工转换模块,其中将终端耗能部门分为农林牧渔业、工业、建筑业、交通运输仓储和邮政业、批发零售业和住宿餐饮业、其他以及生活消费行业,并进一步整合为第一产业、第二产业、第三产业以及生活消费行业。并综合考虑河北省 GDP 增长潜力、人口增长潜力、能源技术现状、能源政策及河北省城市发展规划等因素之后,设置 LEAP-Hebei 四种情景进行建模,分别为基准情景、产业结构优化情景、能源消费结构优化情景和低碳发展情景。

第5章 河北省能源消费量及碳排放量预测分析

5.1 引言

2017年中央决定在河北省设立雄安新区，用来疏解首都人口压力，调整优化城市布局和空间结构。河北省作为京津冀一体化的主要承载体部分，是京津冀生态环境支撑区，研究河北省能源消耗和碳排放状况，能充分保障京津冀一体化的可持续发展。河北省正在全方位进行能源转型，减少煤炭开采，逐步以天然气为主，加大煤炭清洁化，大力发展可再生能源，降低CO_2等气体和烟尘微粒子排放。为此河北省制定了一系列相关措施和政策，在河北省的政策规划中，节能减排和提高能源效率已经受到高度重视。为了节能减排，“十一五”(2006—2010年)规划确定单位生产总值能源消耗要比“十五”期间降低20%左右，单位GDP二氧化碳排放量下降15%；“十二五”规划(2011—2015年)确定了全省万元GDP能耗比2010年下降18%，单位GDP二氧化碳排放量比2010年下降19%；“十三五”规划(2016—2020年)确定了全省单位GDP能耗比2015年下降19%，单位生产总值二氧化碳排放比2015年下降20.5%。

本章构建“自下而上”的终端能源消费LEAP-Hebei模型，定量分析河北省经济发展、产业结构对未来能源需求的影响，预测完成约束性节能目标时河北省2016—2050年的能源需求结构变化。结合情景分析，深入探讨研究能源结构与产业结构变化下对区域碳排放峰值大小与时间的影响，分别开展能源结构与产业结构单独变化情况下对碳排放峰值的影响与能源消费与碳排放协同调整对河北省环境影响的差异，为河北省经济快速发展与生态环境建设提供科学参考。

5.2 河北省终端能源消耗量预测分析

根据上一章节所设置的参数及一些相关假设，利用 LEAP-Hebei 模型得出所设置的不同种情景下河北省长期能源消耗量进行预测分析。下面将对不同情景所得的结果进行详细描述。

5.2.1 基准情景能源消费分析

利用 LEAP-Hebei 模型对基准情景下河北省长期能源需求量进行预测，如图 5-1 所示，该图显示的是基准情景下河北省 2015—2050 年各终端部门的能源消耗量，我们可以看到在该情景下随着河北省经济、人口数量、城镇化率以及居民生活水平的不断提高，各部门对能源的消耗量将会呈现逐年上升趋势，2020 年能源总量达到 351.54 Mtce，比基准年增加 37.94%，2030、2040、2050 年分别比 2015 年增加 164.67%、359.14%和 607.23%，到 2050 年消耗量达到 1791.94 Mtce，年均增长率为 5.74%，由此看来只片面追求社会发展将会带来巨大的能源负担。从分产业来看，第二产业能源消耗量最大，其次为第三产业，最后为第一产业。就终端能源消费部门结构来讲，基准情景各部门能源消耗占比与基准年基本保持一致，2015 年终端能源消耗大部分来自工业部门，占 77.78%，其他为：居民生活（10.70%）、交通运输部门（3.67%）、农业部门（1.79%）、商业（1.92%）、建筑业（1.18%）、服务业（2.96%）。随着情景设置的发展，工业部门能源消耗量占比逐渐上升（图 5-2），工业对能源消耗将一直占有主导的地位，此种情景下，到 2050 年河北省能源消费总量将达到 1791.94 Mtce，比 2015 年翻了 5 倍多，工业能源消耗占比达 85.58%。同时可以看出基准情景中河北省能源消费结构中，煤炭将一直占有主导地位，占总能源消费的 88.65%。从预测的整体结果来看，河北省在不采取强有力控制措施及政策下，按照其粗放式经济发展模式发展下去，其能源消耗总量将出现长期增长的趋势，该种情景将不适合河北省走低碳发展道路。

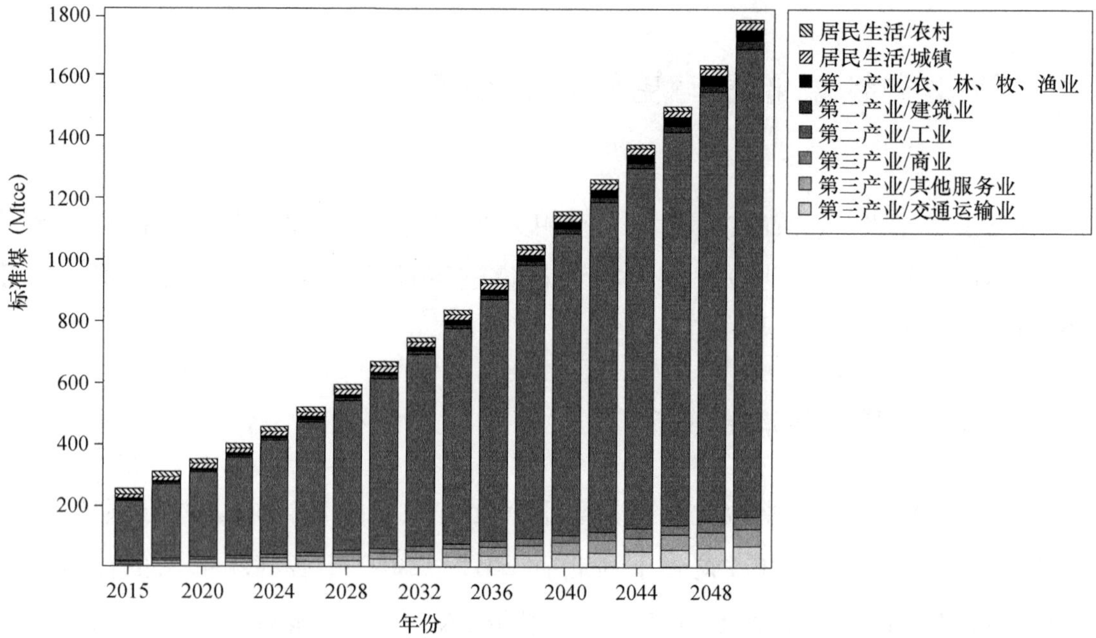

图 5-1　基准情景下分产业分部门终端能源消耗量

Figure 5-1　The energy consumption by the sectors in REF

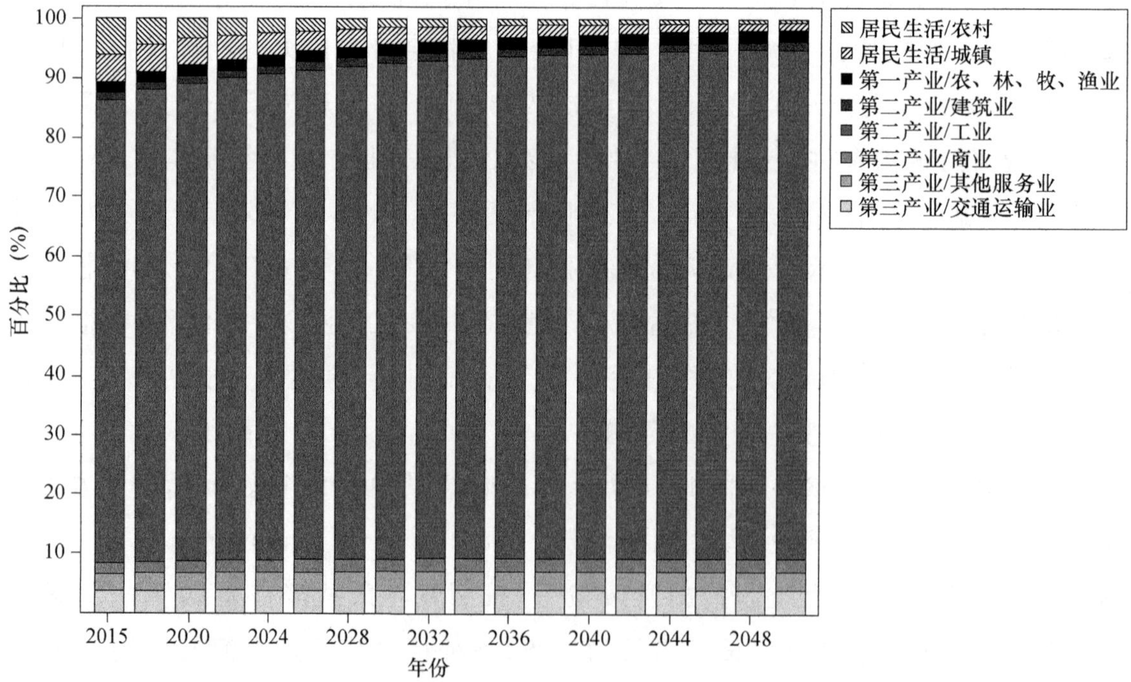

图 5-2　基准情景下各部门能源消耗构成

Figure 5-2　The structure of energy consumption in different sectors in REF

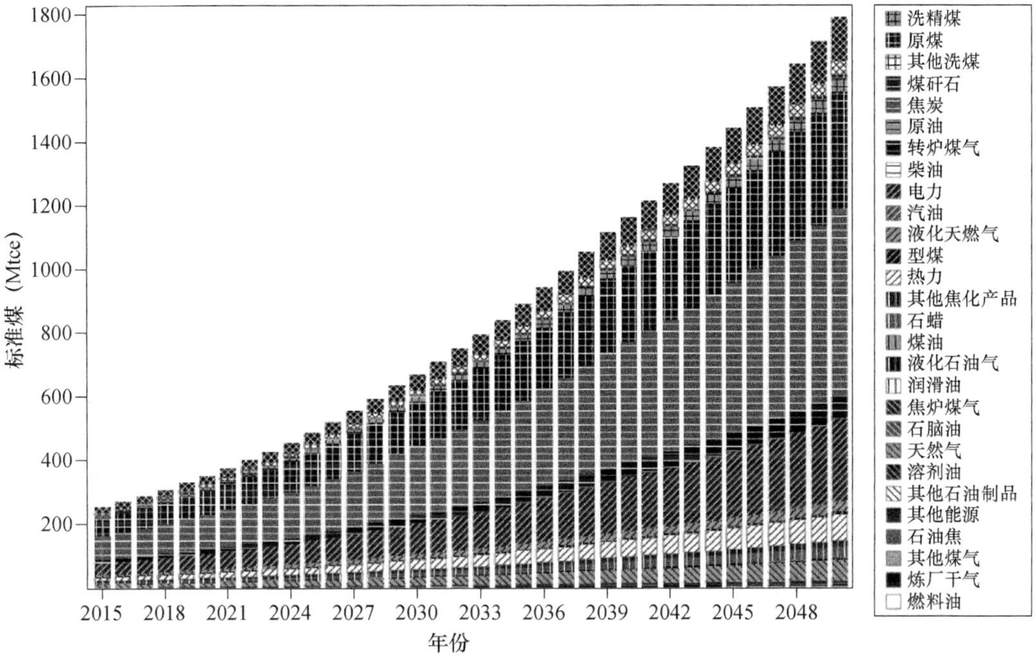

图 5-3　基准情景下各类型能源消耗量构成

Figure 5-3　The consumption composition for different energy in REF

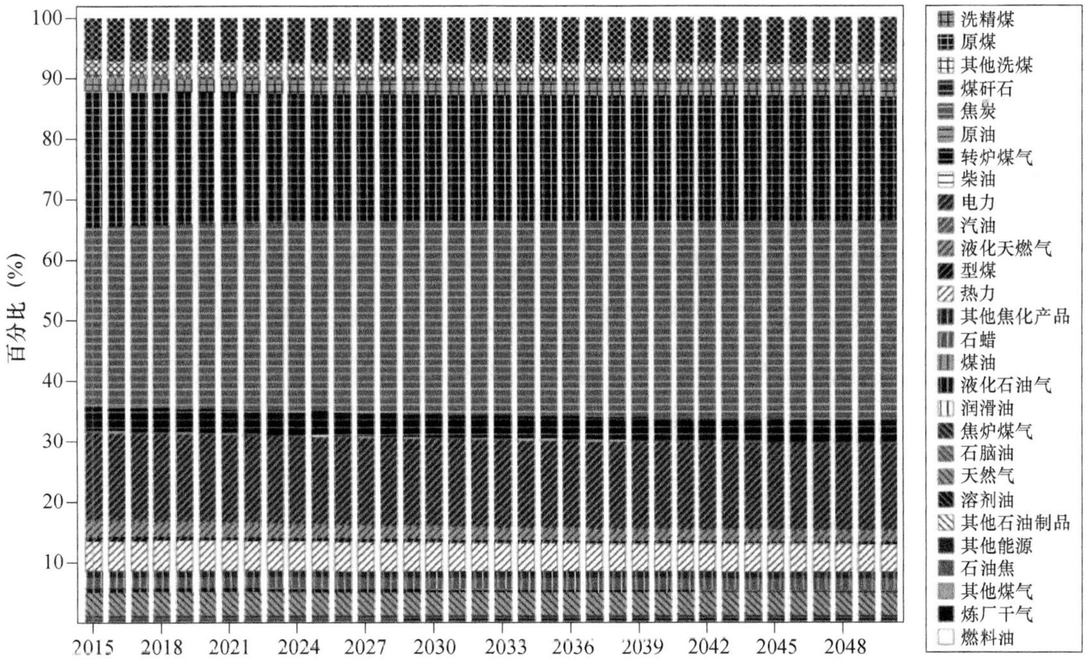

图 5-4　基准情景下各种类能源占比

Figure 5-4　The proportion of the energy consumption in REF

5.2.2 产业结构优化情景能源消费分析

由图5-5～5-8可以看出，河北省通过对产业结构的优化、对高耗能产业进行调整、维持第一产业的平稳发展，降低第二产业占比，大力发展第三产业，深化产业结构调整，改变以往粗放式发展方式，坚持创新驱动，大力发展高科技产业，降低对传统化石能源燃料的消耗。能源需求总量相比基准情景大幅下降。2020年ISO情景比REF情景终端能源消耗量下降28.57 Mtce，能源消耗减少8.12%，到2030年则将下降141.18 Mtce，能源消耗减少21.02%，到2050年下降729.73 Mtce，能源消耗减少40.71%，从而得出产业结构的改变相比基准情景能大幅减少能源消耗量，但能源消费的总体趋势是不断上涨的。到2030年终端能源消费量为529.66 Mtce，相比基准年增加276.21 Mtce，能源消费量增加了1.09倍，到2050年终端能源消费量达到1062.21 Mtce，比基准年增加了729.73 Mtce，年均增长率为4.18%。从分产业来看，虽然第三产业快速发展，所占比例逐年提升，但能源消费量依然是第二产业所占比重较大，从分部门能源消耗量来看，工业部门依然主导能源消耗主体地位，到2050年工业部门消耗量为766.93 Mtce，占各部门总消费量的72.20%。农村生活消耗量呈下降趋势，从2015年的15.31 Mtce下降到2050年的6.87 Mtce，减少了8.44 Mtce，年均下降率为2.27%，这主要是由于随着城镇化的快速发展，大量农村人口涌入城镇生活，造成农村人口不断缩减，与此同时城镇生活能源消耗不断持续增长，由2015年的11.85 Mtce增长到2050年的24.62 Mtce，增长了12.77 Mtce，年均增长率为2.11%。此期间服务业、商业、交通运输业、建筑业的能源消耗量呈现上涨趋势，具体增长趋势和各部门能耗百分比如图5-6所示。如图5-7和图5-8所示，从分能源品种消费来看，煤炭、天然气、电力、热力消费量依然呈上涨趋势，但煤炭占比开始逐渐下降，天然气、电力、热力所占比重逐步上升，到2050年煤炭占总能源消费量的80.00%，相比基准情景下降了8.65%。从预测的整体结果来看，若河北省仅采取产业结构优化，其能源消耗总量依然将出现长期增长的趋势，该种情景并不适合河北省走低碳发展道路。

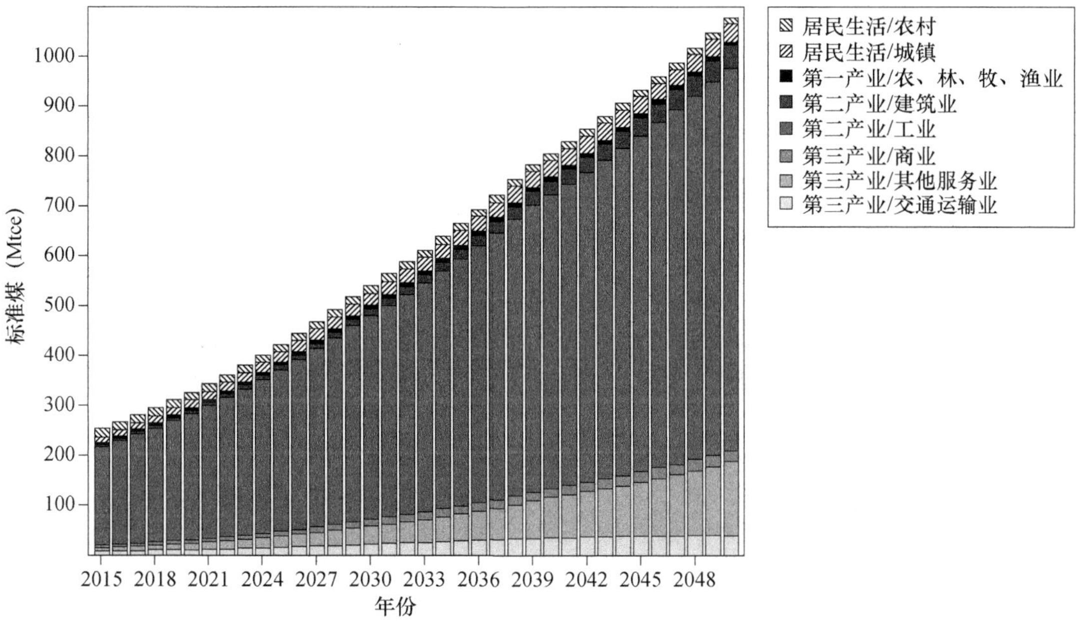

图 5-5　产业结构优化情景下分部门终端能源消耗量

Figure 5-5　The energy consumption by the sectors in ISO

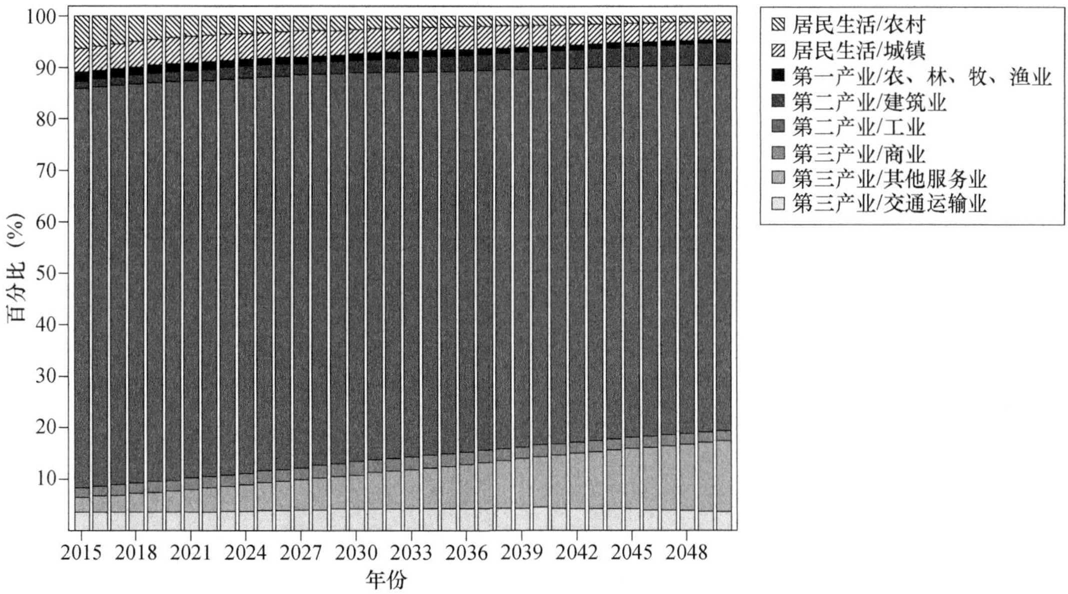

图 5-6　产业结构优化情景下各部门能源消耗量构成

Figure 5-6　The structure of energy consumption in different sectors in ISO

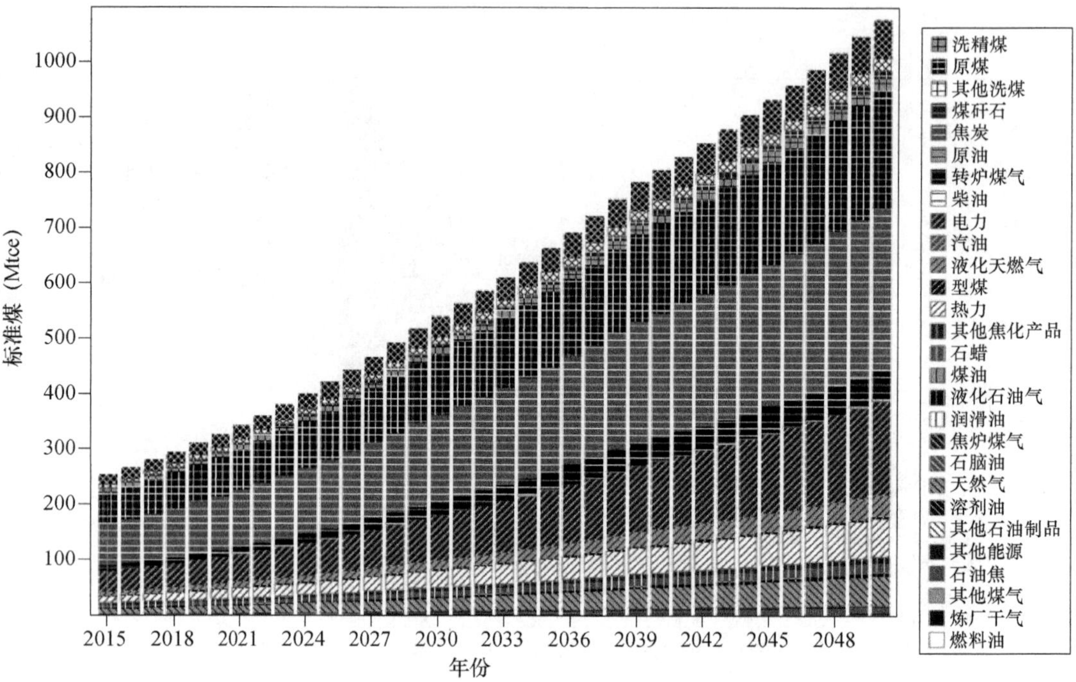

图 5-7　产业结构优化情景下各种类能源消耗量构成

Figure 5-7　The consumption composition for different energy in ISO

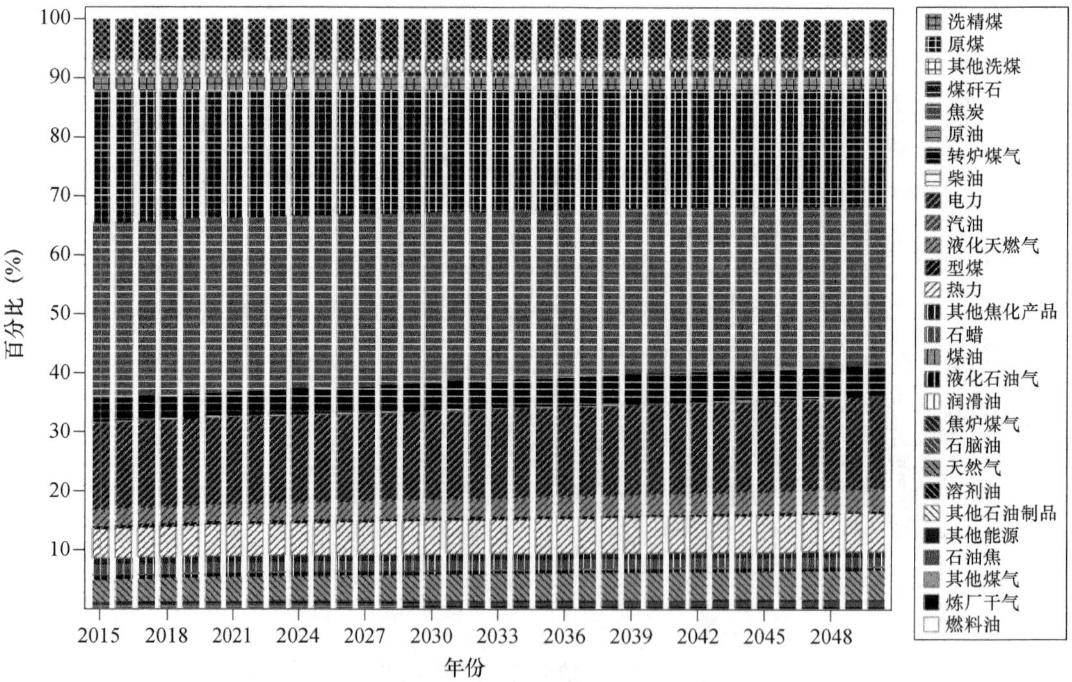

图 5-8　产业结构优化情景下各类型能源消耗百分比

Figure 5-8　The proportion of the energy consumption in ISO

5.2.3 能源结构优化情景能源消费分析

图 5-9～5-12 显示的是能源结构优化情景下河北省 2015—2050 年各终端部门的能源消耗量及不同产业能源消耗情况，我们可以得出能源结构优化并没有降低终端能源消费量的总量，但可以改变整体的能源结构，实现煤炭清洁化，降低使用传统高耗能高污染的燃料，并逐步使用污染小的天然气作为主要原料，大力发展新能源，结合河北的地域优势，大力发展太阳能、风能等可再生能源，降低污染。在此种情景下，河北省逐步优化能源结构并结合大力发展第三产业，使得高碳排放率的煤炭、焦炭在河北省能源结构中呈现逐年下降的趋势，且煤炭的主导地位会逐渐消失。如图 5-9 所示，从分产业分部门能换消耗来看，各部门发展趋势与产业结构优化情景基本一致。如图 5-11 所示，从各类能源燃料消费来看，天然气、电力消费量大幅上升，天然气到 2030、2050 年分别比基准年上涨了 3.25 倍和 17.68 倍，电力消费量到 2030、2050 年分别比基准年增长了 2.21 倍和 7.81 倍。到 2050 年天然气占终端能源消费量的 20.42%，电力则达到 38.12%。如图 5-12 所示，在电力模块中加大了对可再生能源的利用，风电、太阳能发电所占比例不断提升，到 2050 年风能占总发电能耗的 14.07%，太阳能占总发电能耗的 11.21%，同时对煤炭的消耗逐年减少，到 2050 年煤炭消耗量占总发电消耗量的 51.41%。从预测的整体结果来看，柴油、热能、液化石油气、CNG、风能、太阳能、水能和生物质能增加的幅度不同，而汽油明显下降。这主要是实施了天然气代替煤炭计划，交通部门不断推广使用新能源，发电中可再生能源所占比例不断扩大等导致。总体而言，在该情景下河北的能源使用结构将逐渐变得环保，清洁能源将快速增长，这为河北的低碳发展提供了积极的政策建议，但其能源消耗总量依然将出现长期增长的趋势。

5.2.4 低碳发展情景能源消费分析

图 5-13～5-16 显示的是低碳发展情景下河北省 2015—2050 年各终端部门的能源消耗量及不同产业能源消耗情况，我们可以看出，在产业优化、能源结构优化基础上，采用先进技术提高能效、降低能源强度，能有效减少终端能源消耗量，虽然该情景下能源需求量也是不断上涨的，但增幅明显减缓。到 2050 年终端能源

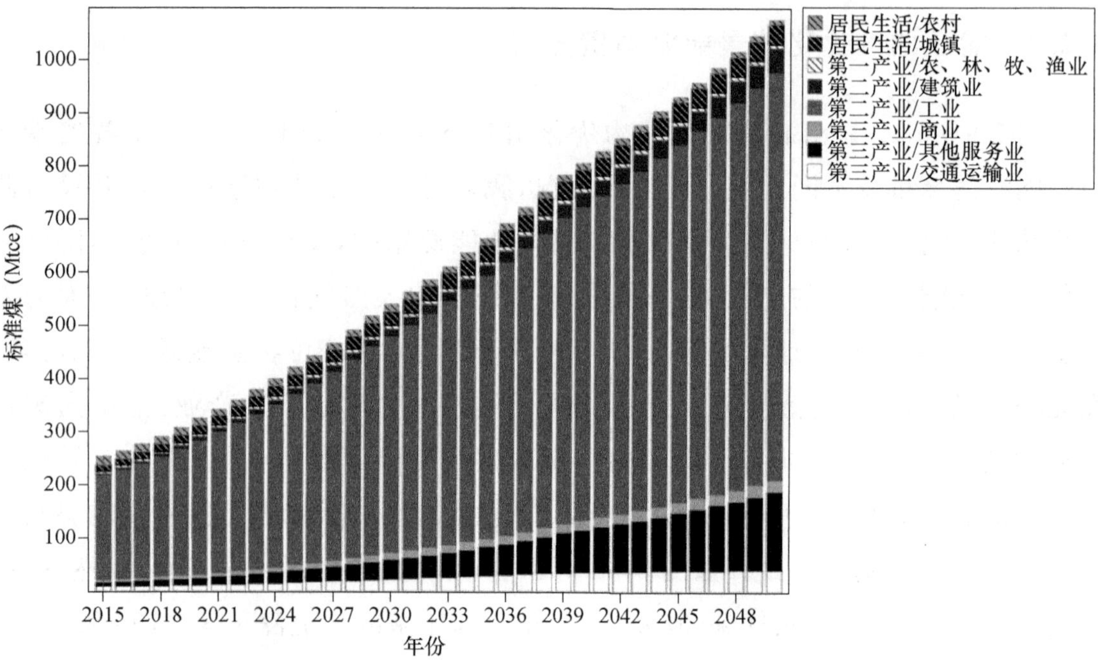

图 5-9　能源结构优化情景下分部门终端能源消耗量

Figure 5-9　The energy consumption by the sectors in TSO

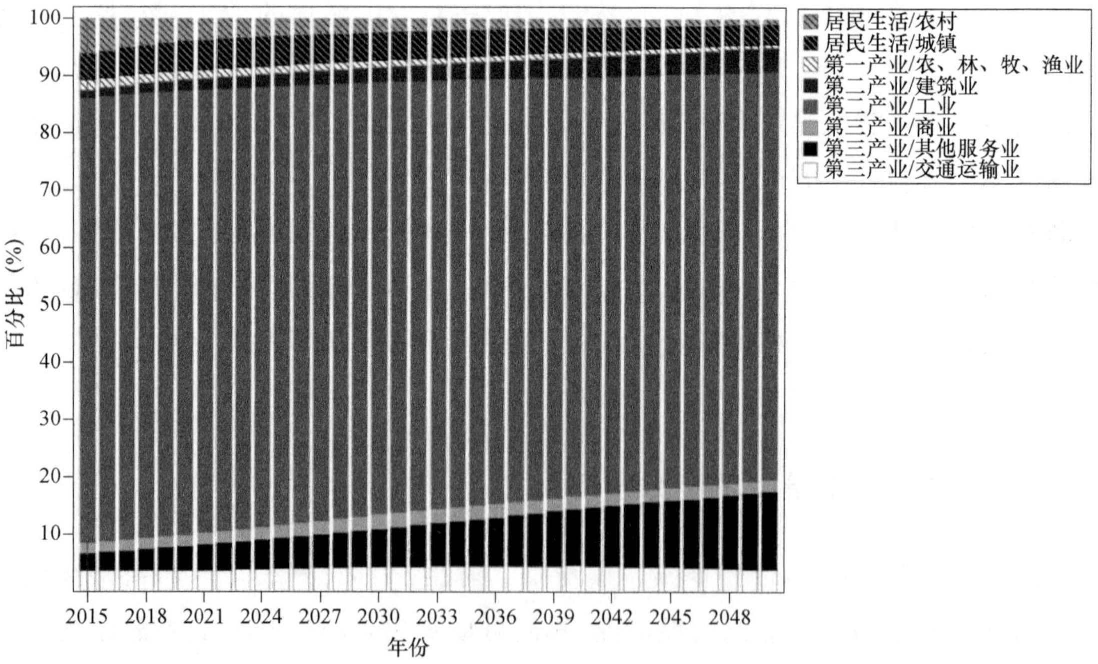

图 5-10　能源结构优化情景下各部门能源消耗量百分比

Figure 5-10　The structure of energy consumption in different sectors in TSO

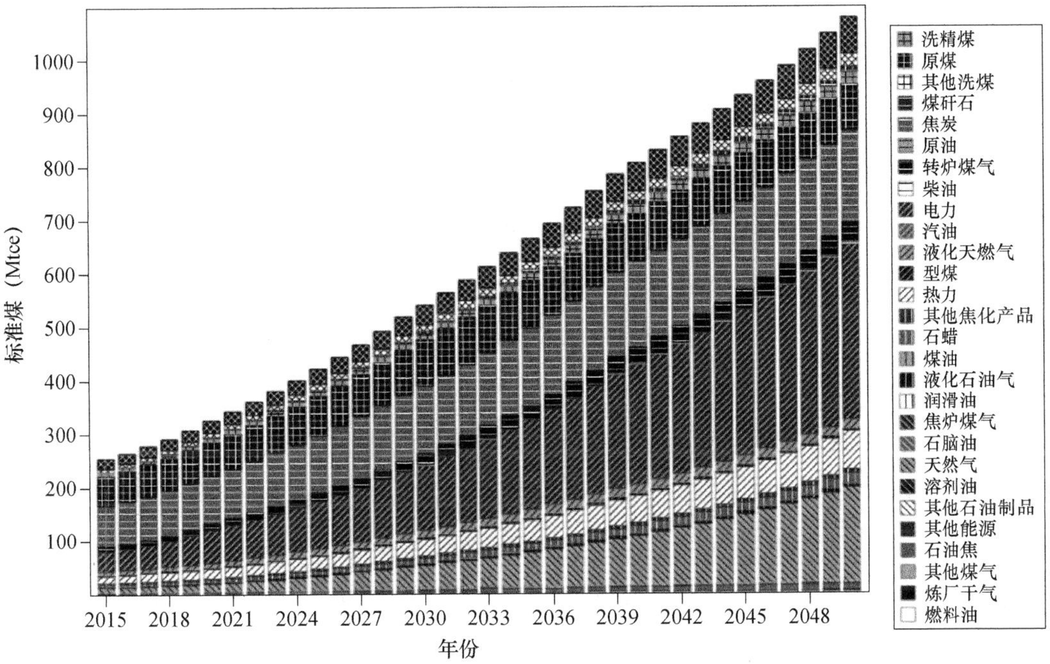

图 5-11　能源结构优化情景下各类型能源消耗量

Figure 5-11　The consumption composition for different energy in TSO

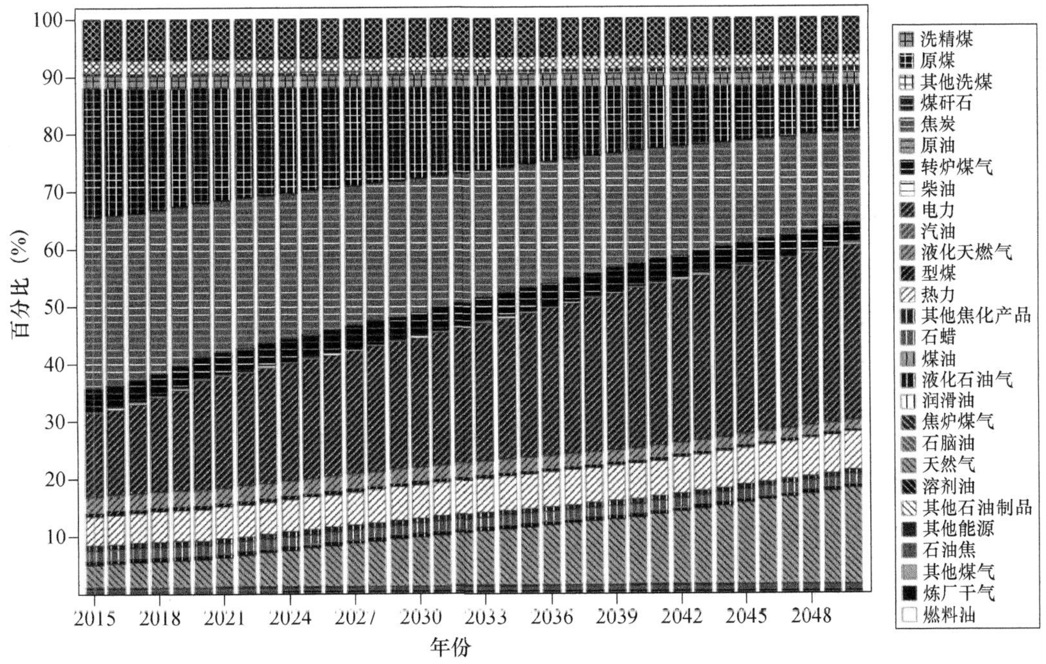

图 5-12　能源结构优化情景下各类型能源消耗百分比

Figure 5-12　The proportion of the energy consumption in TSO

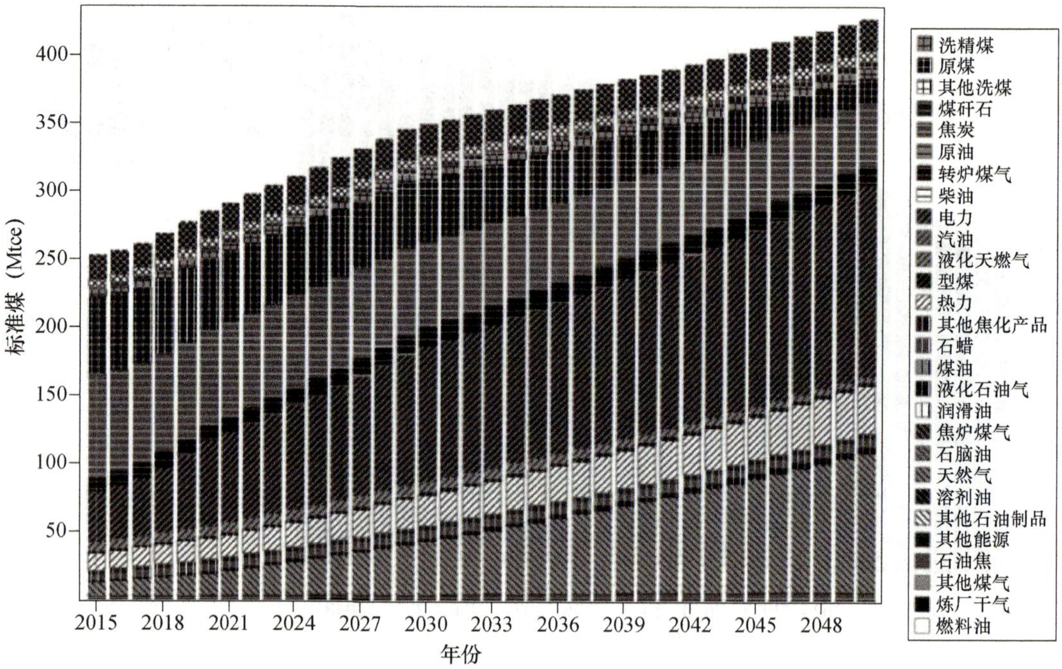

图 5-15　低碳发展情景下各类型能源消耗量构成

Figure 5-15　The consumption composition for different energy in LCD

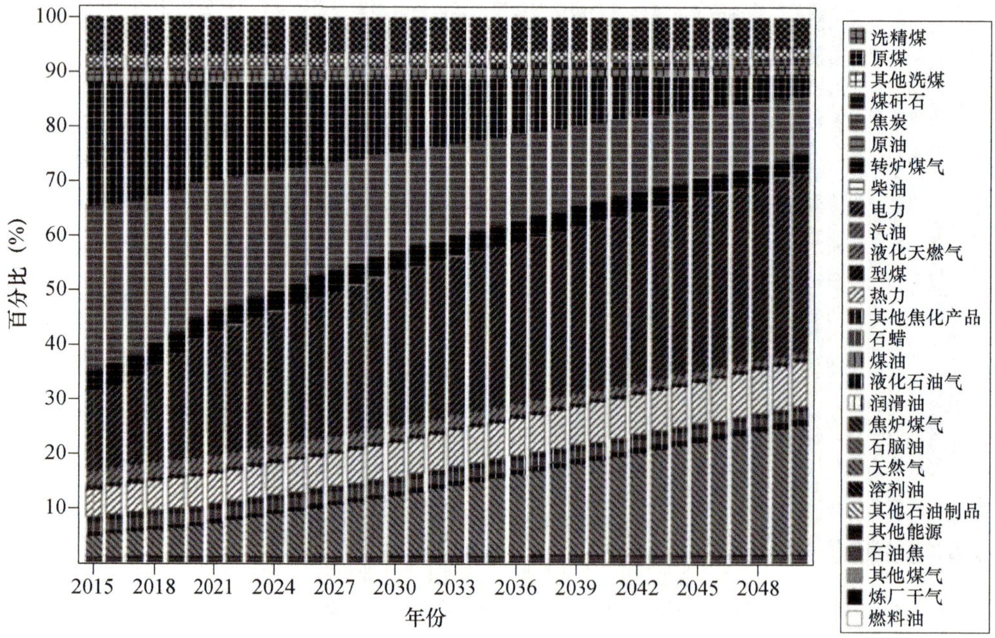

图 5-16　低碳发展情景下各类型能源消耗量百分比

Figure 5-16　The proportion of the energy consumption in LCD

5.3　河北省能源加工转换部门的能源消耗量

基于构建好的四种情景，分别得出四种情景下河北省能源加工、转换部门对能源的需求量如下图 5-17～图 5-19 所示。我们可以看到，加工、转换部门的长期能源需求趋势与终端需求趋势基本相同，REF、ISO 和 TSO 情景输配损失和各能源加工转换率基本维持长期稳定，能源加工与转换部门对能源的消耗量是逐年上升的；但 TSO 情景在加工转换过程中能耗比 ISO 情景多，这主要是由于在技术水平有限的情况下（火力发电效率低下），TSO 情景终端能源消费需要更多的电力，而在加工转换过程中就需要投入更多的初始燃料。在 LCD 情景中，河北省采取一系列积极政策措施，采用先进技术，减少输配损失率，提高加工转换率，能源消耗量相比其他三个情景明显减缓。电力生产是能源加工转换重要的组成部分。基准情景中没有做任何政策改变，到 2050 年火力发电占总发电量的 91.94%，可再生能源总发电量仅占不到 10%，其中煤炭占发电能源总消耗量的 79.67%。产业优化情景基本保持一致。在能源结构优化情景中，通过调整能源结构，降低传统化石能源的使用，逐步推广使用清洁能源，发展风能和太阳能，火力发电占比降低，到 2050 年火力发电占总发电量的 50.78%，可再生能源发电量得到大幅度提升，其中风能发电占 26.06%，太阳能发电占 20.78%，在燃料投入当中，煤炭占发电能源总消耗量的 51.98%，比基准情景降低 27.69%。低碳发展情景中，高耗能、高污染燃料更进一步降低，在创新技术驱动下，风能、太阳能得到更进一步发展，在电力模块中加大了对可再生能源的利用，风电、太阳能发电所占比例不断提升，使可再生能源逐渐占据能源消耗的主导地位，到 2050 年火力发电占总发电量的 34.34%，可再生能源大幅上升，占 65.66%，其中风能发电占 30.92%，太阳能发电占 33.42%，同时煤炭的消耗逐年减少，到 2050 年煤炭消耗量占总发电消耗量的 24.42%，比 TSO 情景降低 15.80%。

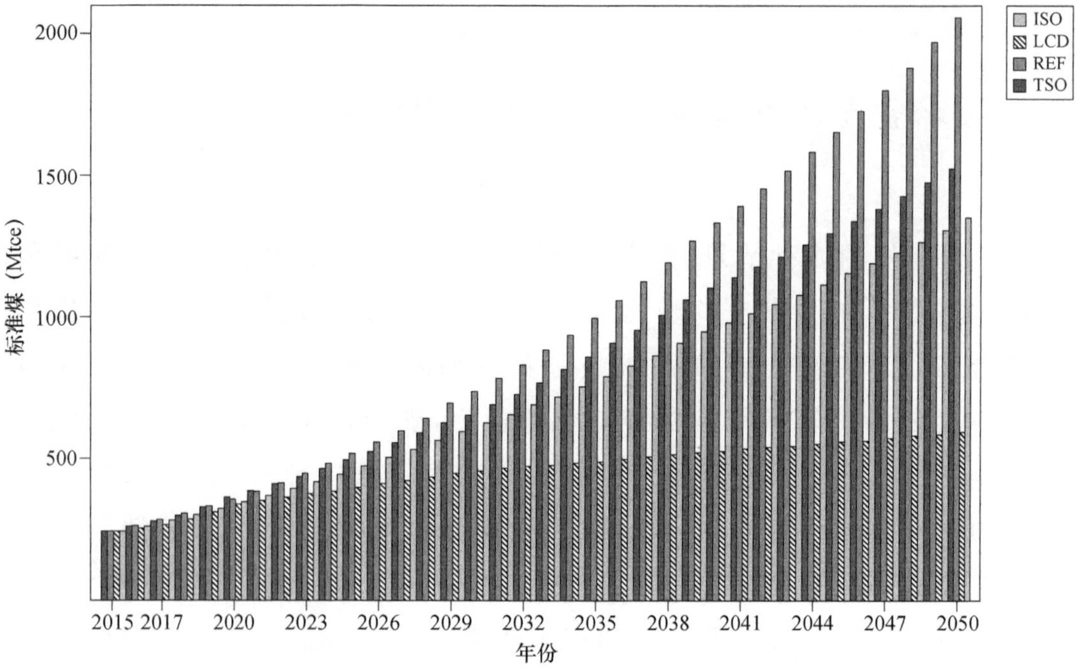

图 5-17　加工转换过程各情景能源消耗量

Figure 5-17　The energy consumption in different scenarios in the Processing Link

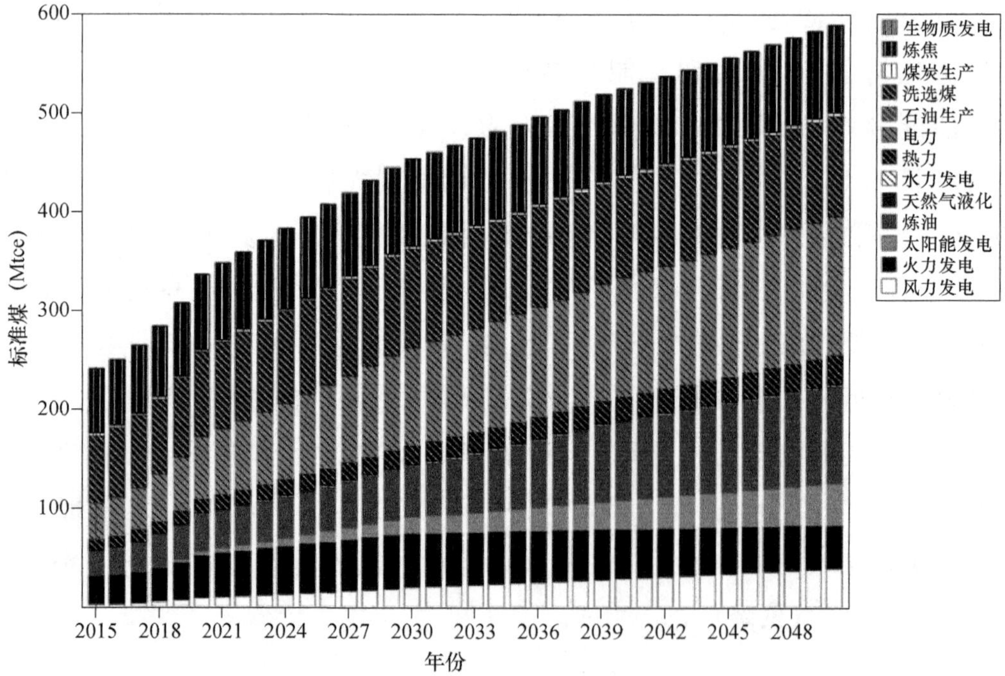

图 5-18　加工转换过程各类型能源消耗量构成

Figure 5-18　The consumption composition for different energy in the Processing Link

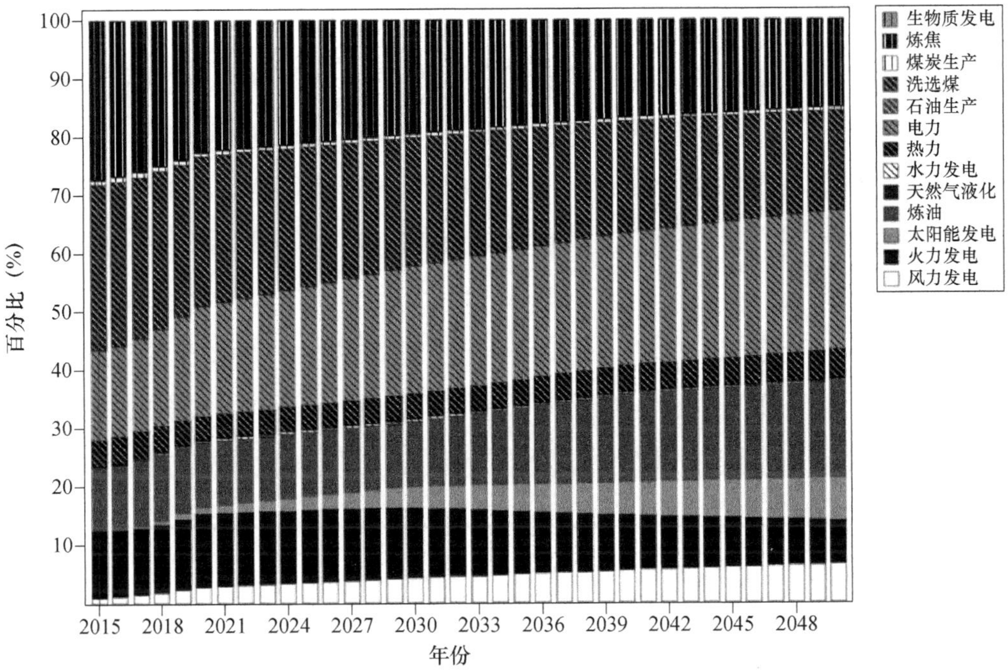

图 5-19　加工转换过程各类型能源消耗量百分比

Figure 5-19　The proportion of the energy consumption in the Processing Link

5.4　河北省能源总消费量

本章所计算的能源总消耗量为各行业终端能源消耗量与加工转换部门能源消耗量的和，根据上两小节的分析结果，河北省长期能源消耗总量如图 5-20 所示。基准情景、产业结构优化情景和能源结构优化情景下河北省能源消费总量随着时间的推移不断上涨，低碳发展情景虽然也呈现上涨趋势，但增速缓慢，四种情景均无拐点出现。基准情景总能源需求量由 2015 年的 321.618 Mtce 增长到 2050 年的 2253.13 Mtce，年均增长率为 5.72%，产业结构优化情景总能源需求量由 2015 年的 321.618 Mtce 增长到 2050 年的 1361.09 Mtce，比基准情景减少892.04 Mtce，年均增长率为 4.21%，能源结构优化情景总能源需求量由 2015 年的321.618 Mtce 增长到 2050 年的 1408.48 Mtce，比基准情景减少 844.65 Mtce，年均增长率为 4.31%，低碳发展情景总能源需求量由 2015 年的 321.618 Mtce 增长到 2050 年的458.40 Mtce，比基准情景减少 136.78 Mtce，年均增长率为 1.03%。REF 情景能源使用结构与 2015 年基本持平，原煤、焦炭和电力分别占能源消费总量的 52.35%，23.01%和 8.03%。在政策改变下，四种情景各种燃料类型之间的比例变化较大。相比之下，到 2050 年，ISO 情景中，煤炭下降到 48.10%，焦炭下降到 19.82%，电力增长到 12.48%；TSO 情景中，煤炭下降到 33.43%，焦炭下降到 11.84%，电力增长到 15.54%，天然气增长到 10.92%；LCD 情景中，煤炭下降到 26.23%，焦炭下降到 9.52%，电力增长到 19.20%，天然气增长到 14.75%。可以看出在各种政策改变下，原煤、焦炭消耗占比不断减少，电力和天然气占比不断上升。此外，TSO 和 LCD 情景中热能、液化石油气、CNG、风能、太阳能、水能和生物质能增加的幅度不同，柴油、汽油明显下降。通过对四种情景的对比分析，基准情景、产业结构优化情景和能源结构优化情景下能源消费总量呈现逐年大幅上升趋势，不适合河北省走低碳发展道路和可持续发展道路，不利于河北省建设绿色、低碳、环保、节能的社会，而低碳发展情景虽然也有上涨，但增速缓慢，基本维持平衡，因此河北省适合走低碳发展道路。

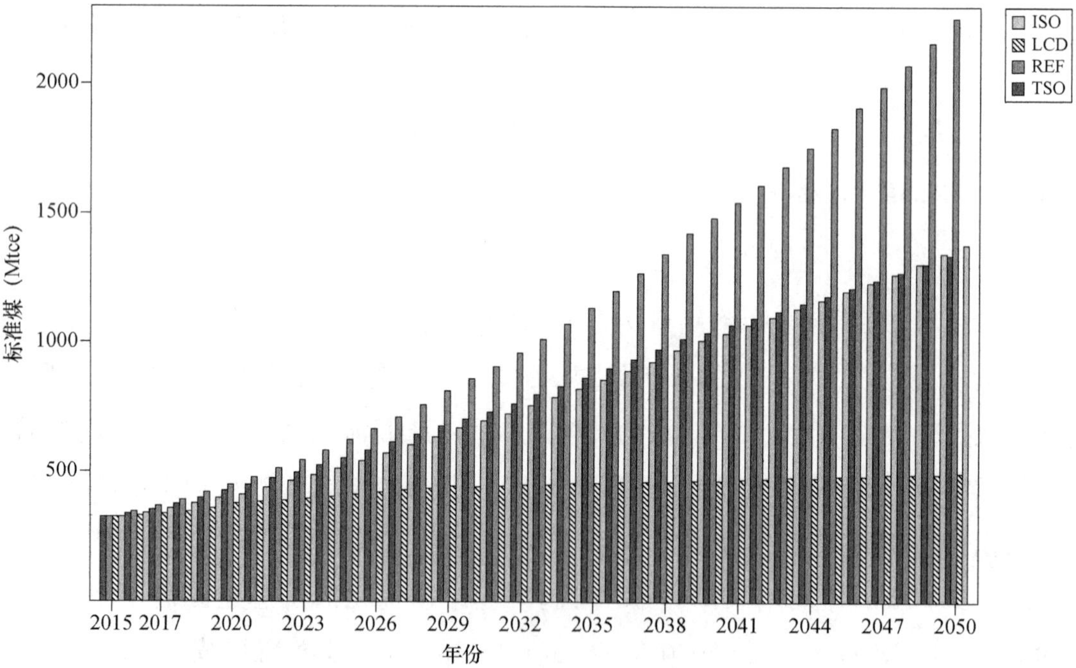

图 5-20　各情景总能源需求趋势

Figure 5-20　The energy consumption of the four scenarios

5.5　河北省能源消费碳排放预测

根据上述四种情景下各种能源消费总量的预测结果与各种本地化能源相应的碳排放系数相乘，可以得出河北省在四种情景下终端能源消费碳排放量、能源加工转换碳排放量和能源消耗碳排放总量。2015—2050 年各情景下河北省能源消费的碳排放趋势如图 5-21～5-23 所示。基准情景、产业结构优化情景和能源结构优化情景下碳排放总量持续增长，未出现峰值拐点。在低碳发展情景和内嵌 CCS 技术的子情景中在 2030 年左右达到峰值，出现拐点，LCD 情景碳排放量的峰值约为 1110 Mt，碳排放量增速由高到低排序依次为 REF＞ISO＞TSO＞LCD，REF 情景是增速最快的，LCD 情景是最慢的。各情景终端能源部门碳排放趋势与碳排放总量趋势基本一致，加工转换过程中，2035 年前 TSO 情景的碳排放量大于 ISO 情景，这是由于终端消费部门需要更多的电力，在火力发电过程中产生较多的 CO_2，2035 年后随着太阳能和风能发电占比提高，CO_2 开始逐渐减少。在所有设定的情景中，只有 LCD 情景内嵌的 CCS 技术情景(913.75 Mt)实现了 2050 年碳排放总量低于 2015 年水平的目标。

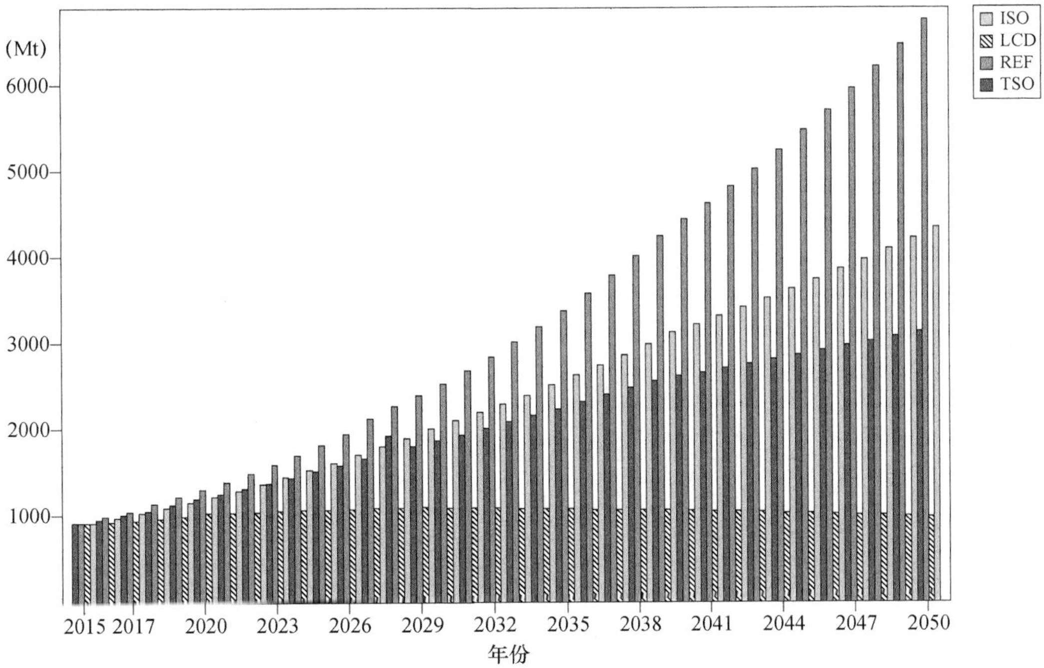

图 5-21　各情景下碳排放总量趋势预测

Figure 5-21　The tendency prediction of carbon emission in different scenarios

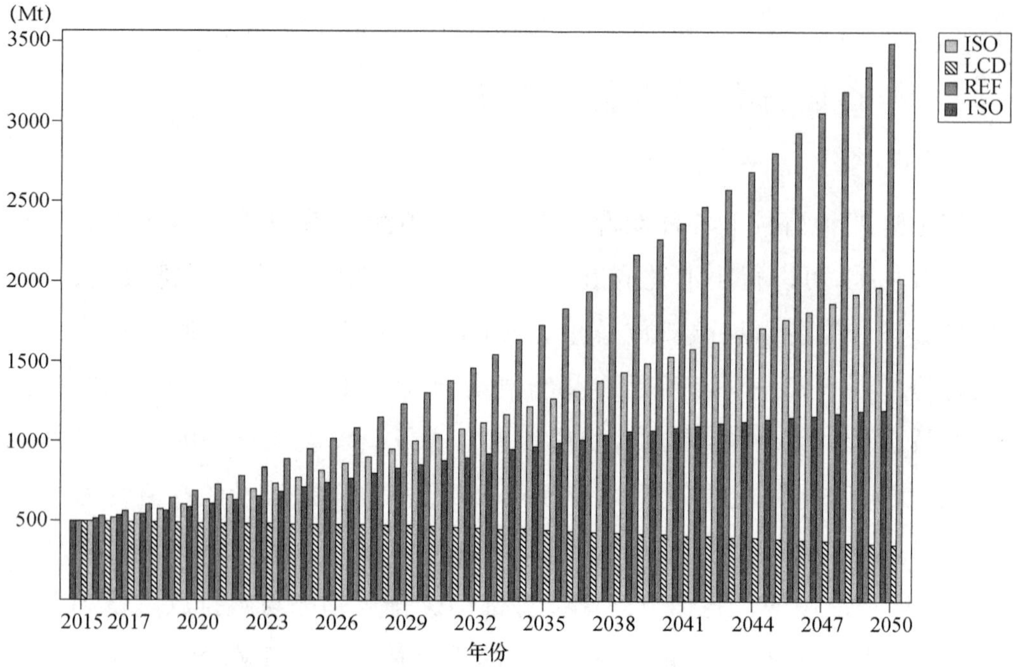

图 5-22　各情景下终端能源部门碳排放趋势图

Figure 5-22　The tendency prediction of carbon emission for the terminal department in different scenarios

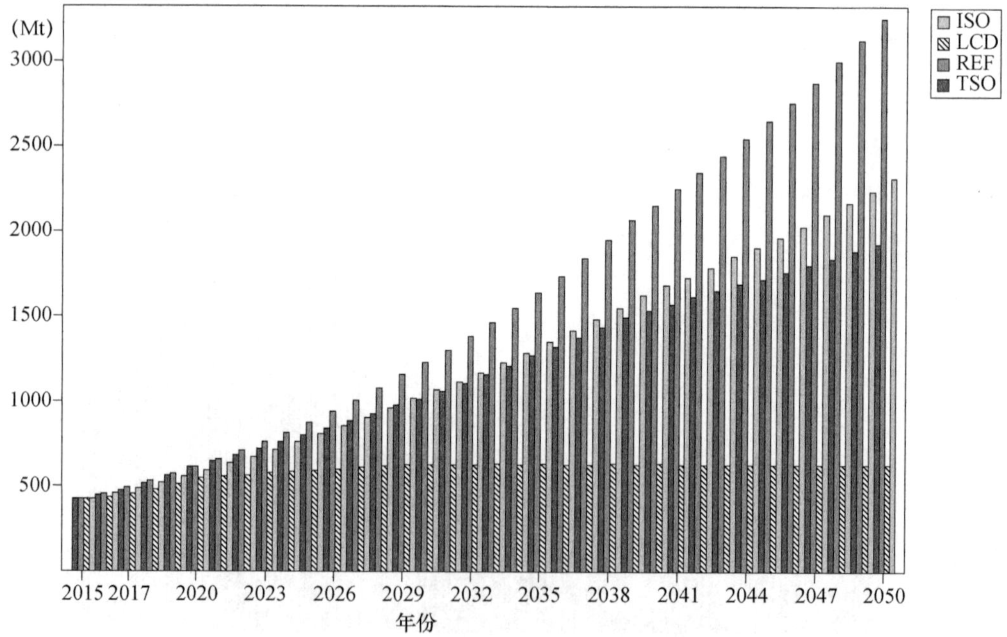

图 5-23　各情景下加工转换碳排放趋势图

Figure 5-23　The tendency prediction of carbon emission for the processing sector in different scenarios

5.5.1　基准情景碳排放量预测

基准情景中河北省对于控制能源消耗和碳排放未采取任何政策措施，碳排放总量呈现持续增长趋势，到 2020、2030、2040 和 2050 年碳排放总量分别达到 1298.57 Mt、2535.45 Mt、4424.98 Mt 和 6748.57 Mt，分别比 2015 年增长 378.01 Mt、1614.89 Mt、3504.42 Mt 和 5828.01 Mt，碳排放总量从 2015 年的 920.56 Mt 增长到 2050 年的 6748.57 Mt，年均增长率为 5.86%（图 5-24）。如果按照此情景发展下去，河北省二氧化碳排放量将一直增加下去，根本无法完成二氧化碳在 2030 年达到排放峰值的目标，当前气候环境状况如此严峻的状态下，为实现京津冀一体化协同发展，河北省必须走低碳发展道路，该情景显然是不适合的。可见人口、GDP 和城镇化增长对河北省碳排放总量具有重要的影响，社会的发展不能盲目片面追求经济的快速增长。如图 5-24 所示，从分产业来看，第二产业是碳排放最多的产业，约占终端能源消费部门碳排放总量的 84.15%，从终端能源消费部门来看，各部门的碳排放量都呈现持续增长趋势，各部门碳排放的总量占比情况为：居民生活碳排放占比逐渐降低，工业部门碳排放占比呈上升趋势，其他部门基本平稳。工业部门是碳排放最多的部门，到 2030 年、2050 年工业碳排放量分别达到 1125.652 Mt 和 3086.29 Mt，到 2050 年年均增长率为 5.81%，工业部门碳排放占比为 83.05%，由此可见工业部门是河北省减排的主要目标之一。

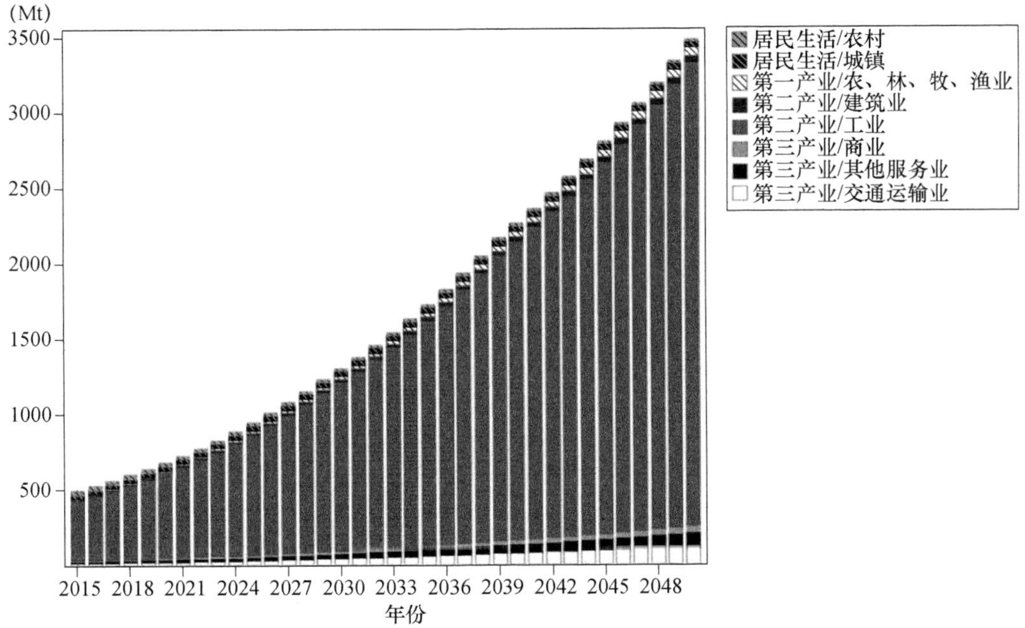

图 5-24　基准情景下分产业分部门碳排放趋势

Figure 5-24　The carbon emission by the sectors in REF

在加工转换过程中，炼焦是碳排放总量最多的过程，到 2030、2050 年碳排放量分别为 599.17 Mt、1763.70 Mt，2015—2050 年年均增长率为 6.55%，占总过程碳排放量的 54.15%。其次为火力发电，到 2030、2050 年碳排放量分别达到 428.65 Mt 和 988.39 Mt，2015—2050 年年均增长率为 5.02%，占总过程碳排放量的 30.35%，具体各加工转换过程碳排放量如图 5-25 所示。

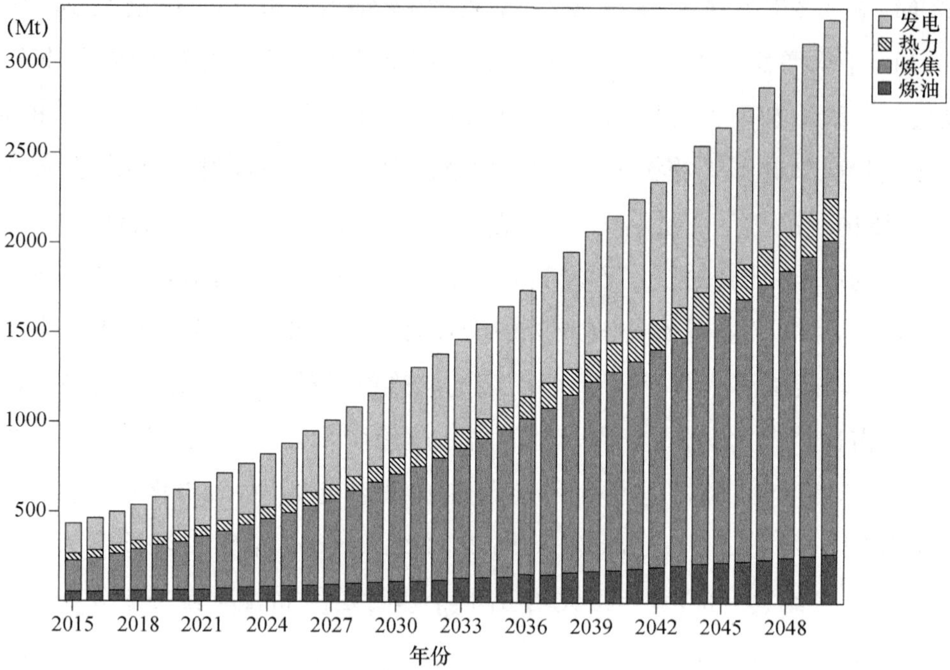

图 5-25 基准情景下加工转换部门碳排放趋势

Figure 5-25 The carbon emission prediction in the processing sectors in REF

5.5.2 产业结构优化情景碳排放量预测

如图 5-26 所示，ISO 情景中河北省采取了产业结构优化政策，控制第二产业的发展，大力发展第三产业和高科技产业，虽然碳排放总量也将持续增长，但比 REF 情景大幅减少，到 2020、2030、2040 和 2050 年碳排放总量分别达1216.38 Mt、2068.97 Mt、3160.37 Mt 和 4297.8 Mt，分别比 REF 情景减少 82.19 Mt、466.48 Mt、1264.61 Mt 和 2450.77 Mt，我们发现，随着产业结构的深入调整，第三产业的占比越高，碳排放总量减少越多。ISO 情景中碳排放总量从 2015 年的 920.56 Mt 增长到 2050 年的 4297.80 Mt，年均增长率为 4.67%。虽然此情景能有效降低碳排放量，但依然持续高速增长，无法完成二氧化碳在 2030 年达到排放峰值的目标，因此，该情景也不适合河北省的低碳发展路线。可见产业结构的优化能有效降低河北省碳排放总量，对其减排有重要影响。

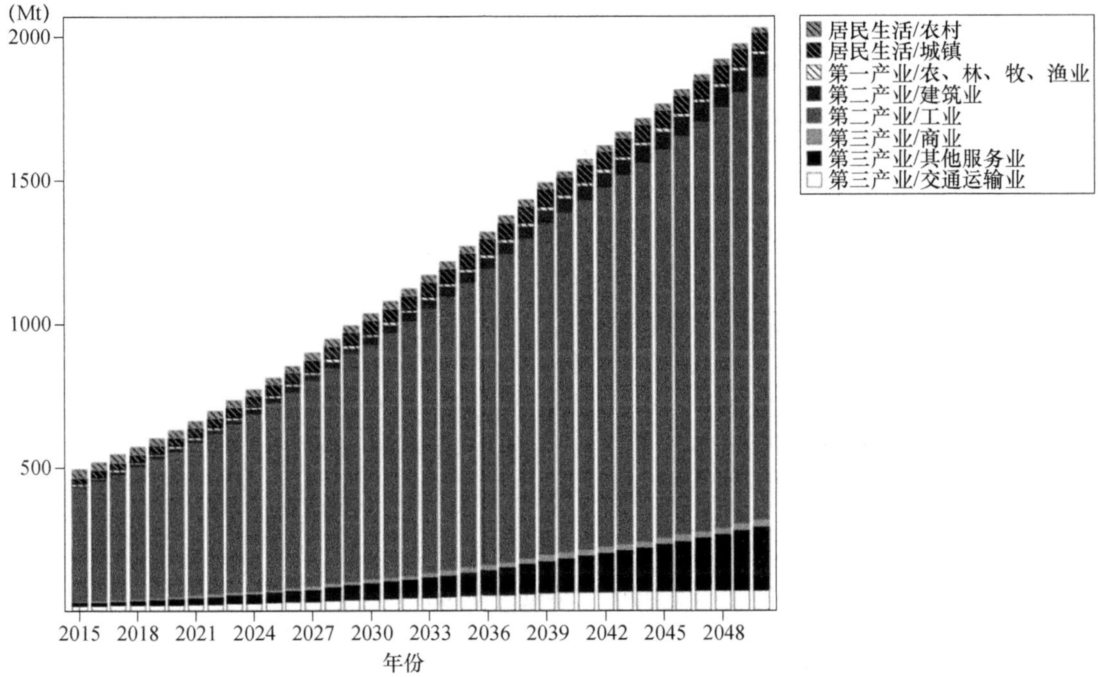

图 5-26　产业结构优化情景下分产业分部门碳排放量趋势

Figure 5-26　The carbon emission prediction by the sectors in ISO

分产业来看，如图 5-27 所示，第一产业相对保持稳定，第二产业依然是碳排放最多的产业，到 2050 年碳排放量达到 1621.31 Mt，占终端能源消费碳排放总量的 80.78%，比 REF 情景降低 3.37%。第三产业碳排放占比保持持续增长趋势，到 2050 年达到 316.73 Mt，比 2015 年增长 284.19 Mt，年均增长率为 6.72%。从分部门碳排放来看，各部门的碳排放量依然呈现持续上涨趋势，工业部门依然是碳排放最多的部门，到 2030、2050 年工业碳排放量分别达到 1125.652 Mt 和 3086.29 Mt，比 REF 情景减少 304.89 Mt 和 417.77 Mt，2015—2050 年年均增长率为 3.96%，比 REF 情景下降 1.85%，虽然工业部门碳排放占比呈下降趋势，到 2050 年占比为 76.89%，比 REF 情景下降 6.16%，但此情景下工业部门仍然是河北省减排的主要目标之一。随着产业结构的调整，服务业碳排放呈现较大幅度增长，服务业到 2030、2050 年碳排放量分别达到 54.47 Mt 和 222.70 Mt，比 REF 情景碳排放量增加 22.38 Mt 和 134.65 Mt，此期间年均增长率为 8.89%，碳排放占比从 2015 年的 2.291%增长到 2050 年的 11.10%，是分部门碳排放增速最快的。

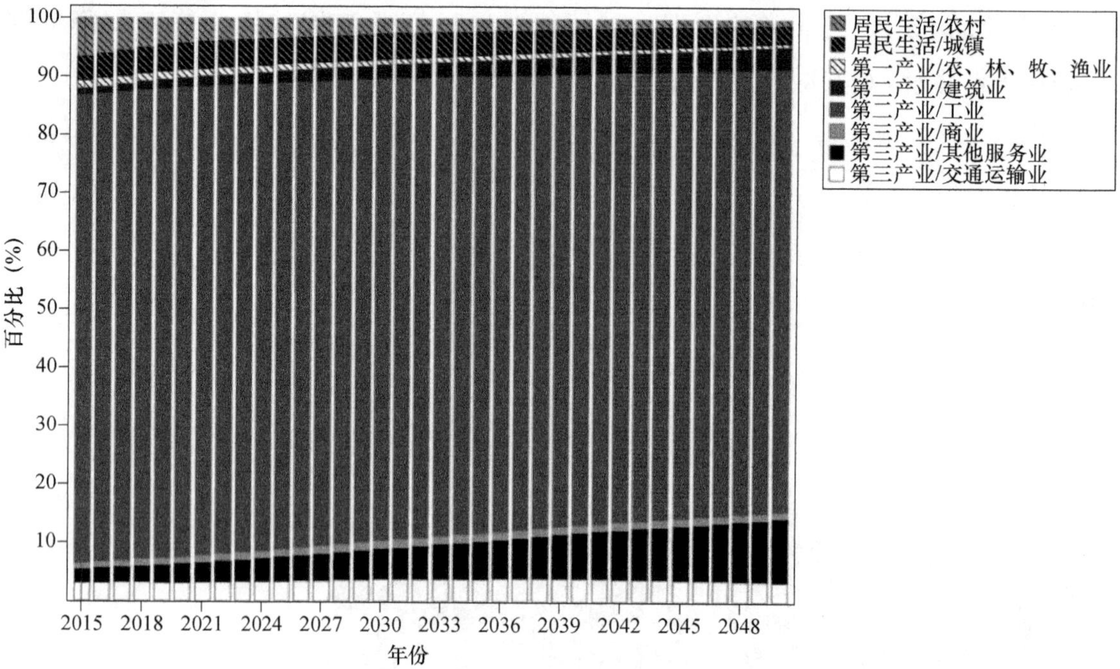

图 5-27　产业结构优化情景下各部门碳排放百分比

Figure 5-27　The carbon emission percentage by the sectors in ISO

在加工转换过程中，炼焦依然是碳排放最多的过程，但比 REF 情景大幅减少，到 2030、2050 年碳排放量分别为 452.89 Mt、908.87 Mt，比 REF 情景减少 146.27 Mt、854.83 Mt，2015—2050 年年均增长率为 4.82%，比 REF 情景下降 1.73%，占总过程碳排放量的 39.68%。其次为火力发电，到 2030、2050 年碳排放量分别达到 359.06 Mt 和 702.46 Mt，比 REF 情景减少 69.59 Mt 和 285.93 Mt，2015—2050 年年均增长率为 4.19%，占总过程碳排放量的 30.66%。该情景虽然没有对加工转换过程进行调整，但通过产业结构的改变，对具体的加工转换过程依然有重要的影响。具体各加工转换过程碳排放趋势如图 5-28 所示。

5.5.3　能源结构优化情景碳排放量预测

如图 5-30 所示，TSO 情景中河北省在产业结构优化的基础上采取了能源结构调整政策，如情景所设置在各部门实施天然气、电力替代煤炭计划，实现煤炭清洁化，结合河北的地域优势，大力发展可再生能源（风能与太阳能），并应用在交通领域，推广新能源汽车的使用，虽然碳排放总量也将持续增长，但比 ISO 情景大幅减少，到 2020、2030、2040 和 2050 年碳排放总量分别达 1195.08 Mt、1876.35 Mt、

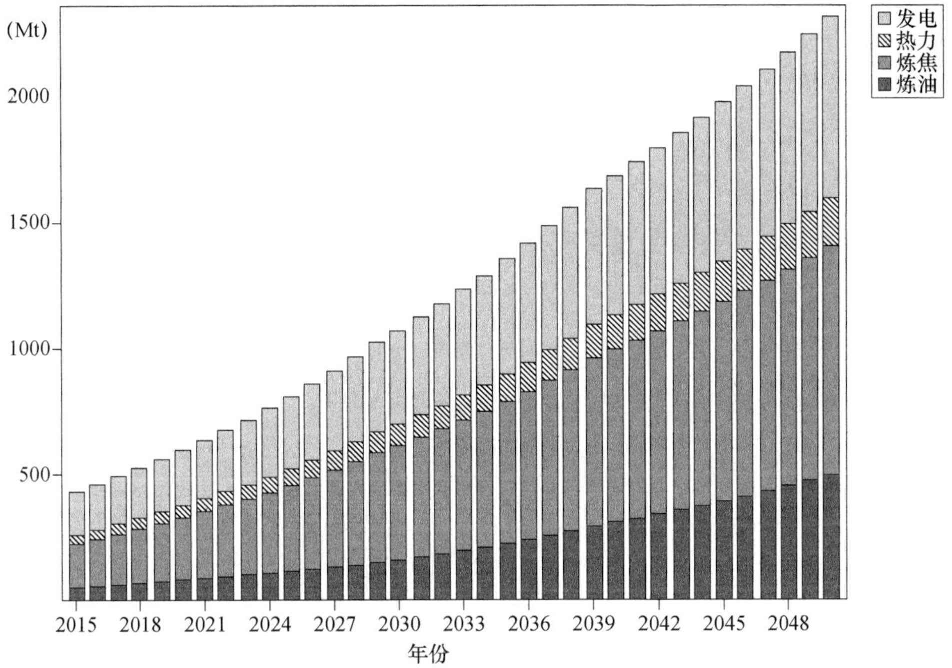

图 5-28　产业结构优化情景下加工转换过程各部门碳排放趋势

Figure 5-28　The carbon emission in the processing sectors in ISO

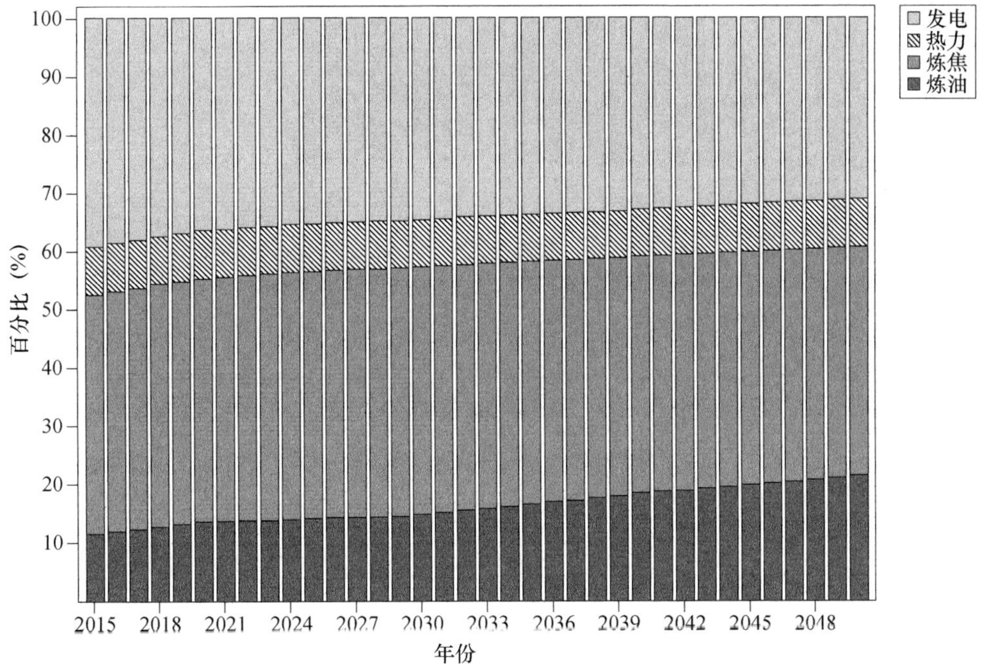

图 5-29　产业结构优化情景下加工转换过程碳排放百分比

Figure 5-29　The carbon emission percentage in the processing sectors in ISO

2677.53 Mt 和 3262.67 Mt，分别比 ISO 情景减少 21.30 Mt、192.62 Mt、482.84 Mt 和 1034.13 Mt，随着能源结构的深入调整，清洁能源的使用占比越高，碳排放总量减少越多。TSO 情景中碳排放总量从 2015 年的 920.56 Mt 增长到 2050 年的 3263.67 Mt，年均增长率为 2.46%，比 ISO 情景下降 2.21%。虽然能源结构优化情景能有效降低碳排放量，但依然持续增长，到 2050 年比 2015 年增加2343.11 Mt，期间无法完成二氧化碳在 2030 年达到排放峰值的目标，因此，该情景也不适合河北省的低碳发展路线。可见能源结构的优化虽然不能降低能源的消费总量，但能有效降低河北省碳排放总量，对其减排有重要影响。

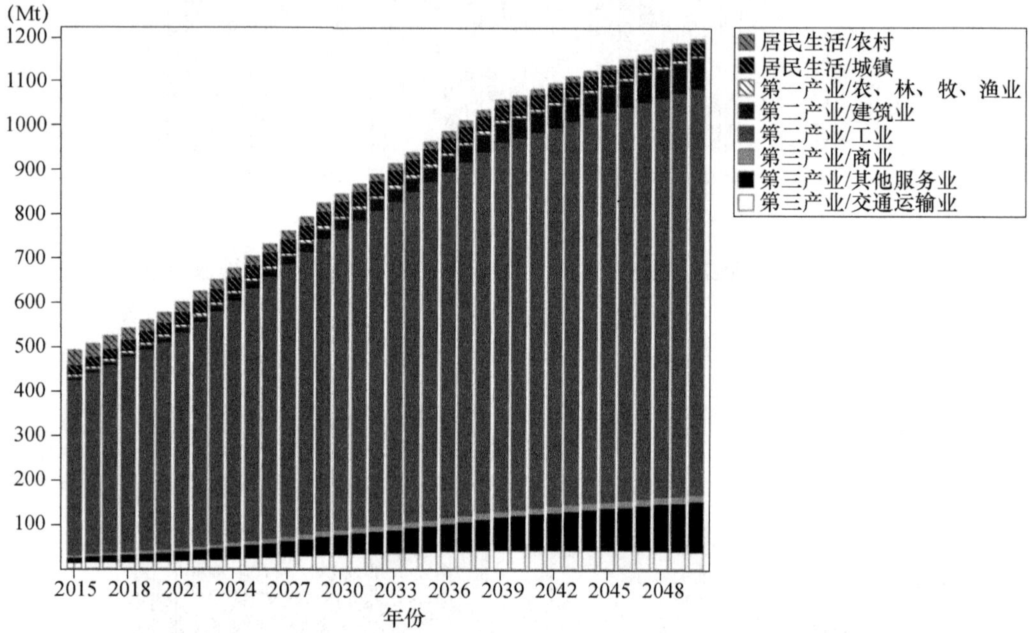

图 5-30　能源结构优化情景下分产业分部门碳排放趋势

Figure 5-30　The carbon emission prediction by the sectors in TSO

分产业来看，如图 5-31 所示，第二产业依然是碳排放最多的产业，到 2050 年碳排放量达到 987.65 Mt，比 ISO 情景减少 633.66 Mt，第三产业碳排放趋势与 ISO 情景基本一致，到 2050 年达到 170.74 Mt，比 ISO 情景减少 145.99 Mt，年均增长率为 4.87%。从分部门碳排放来看，各部门的碳排放量依然呈现持续上涨趋势，工业部门依然是碳排放最多的部门，到 2030、2050 年工业碳排放量分别达到 679.50 Mt 和 916.33 Mt，比 ISO 情景减少 141.24 Mt 和 627.09 Mt，2015—2050 年年均增长率为 2.42%，比 ISO 情景下降 1.54%，工业部门碳排放占比也呈下降趋势，到 2050 年占比达 77.04%，由此看来工业部门仍然是河北省减排的主要目标之一。服务业、交通运输业、居民生活碳排放增长趋势与产业结构优化情景较为相似，服务业到 2030、2050 年碳排放量分别达到 43.86 Mt 和 114.50 Mt，比 ISO 情景减少 10.61 Mt 和 108.2 Mt，此期间年均增长率为 6.83%，碳排放占比从 2015 年的 2.291%增长到 2050 年的 9.63%，是分部门碳排放增速最快的。交通运输业、居民生活、商业、建筑业到 2050 年碳排放量分别达到 41.45 Mt、25.52 Mt、14.79 Mt、70.83 Mt，比 ISO 情景减少 27.41 Mt、31.26 Mt、10.46 Mt、7.06 Mt，可见能源结构的优化可以从各个部门有效降低碳排放。

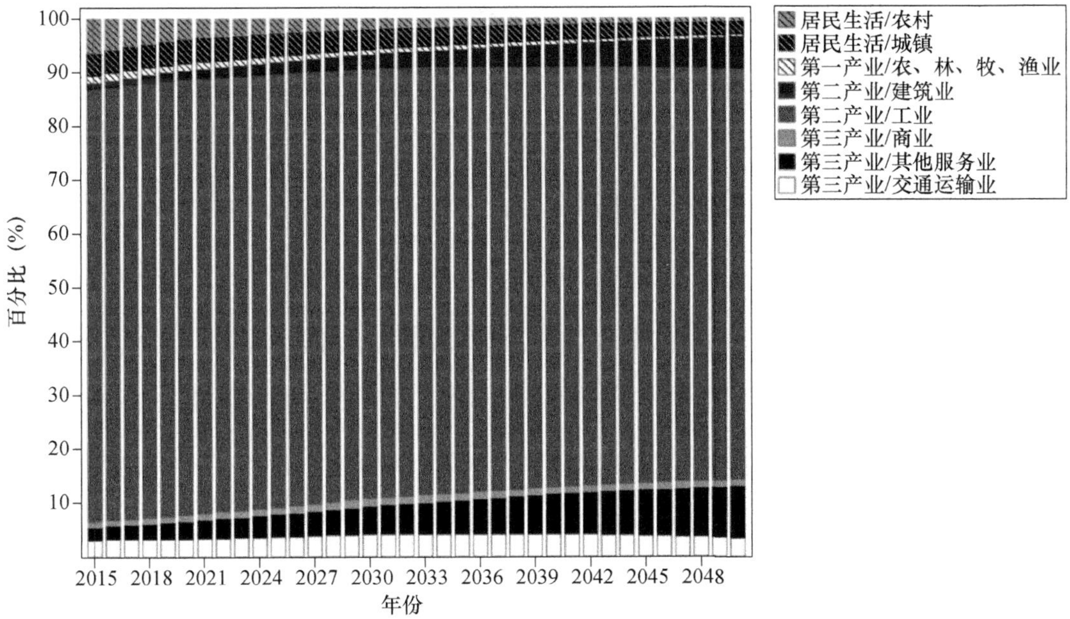

图 5-31　能源结构优化情景下分产业分部门碳排放百分比

Figure 5-31　The carbon emission percentage by the sectors in TSO

在加工转换过程中，到 2050 年碳排放总量达到 1996.63 Mt，比 ISO 情景减少 294.02 Mt。随着能源结构的调整，火力发电成为碳排放最多的过程，到 2030、2050 年碳排放量分别为 486.43 Mt、712.98 Mt，比 ISO 情景增加 67.25 Mt 和 74.53 Mt，2015—2050 年年均增长率为 4.48%，这是由于对终端能源消费结构的改变加大了对电力的消费，因而造成在转换过程中火力发电碳排放的增加。其次为炼焦过程，到 2030、2050 年碳排放量分别达到 386.82 Mt 和 682.59 Mt，比 ISO 情景减少66.07 Mt和 226.28 Mt，2015—2050 年年均增长率为 4.19%，占总过程碳排放量的 34.18%。该情景通过对终端能源消费结构和加工转换过程能源结构的改变，减少高含碳率、高污染燃料的使用，提高清洁能源的使用，从各个部门和转换过程有效减少碳排放。

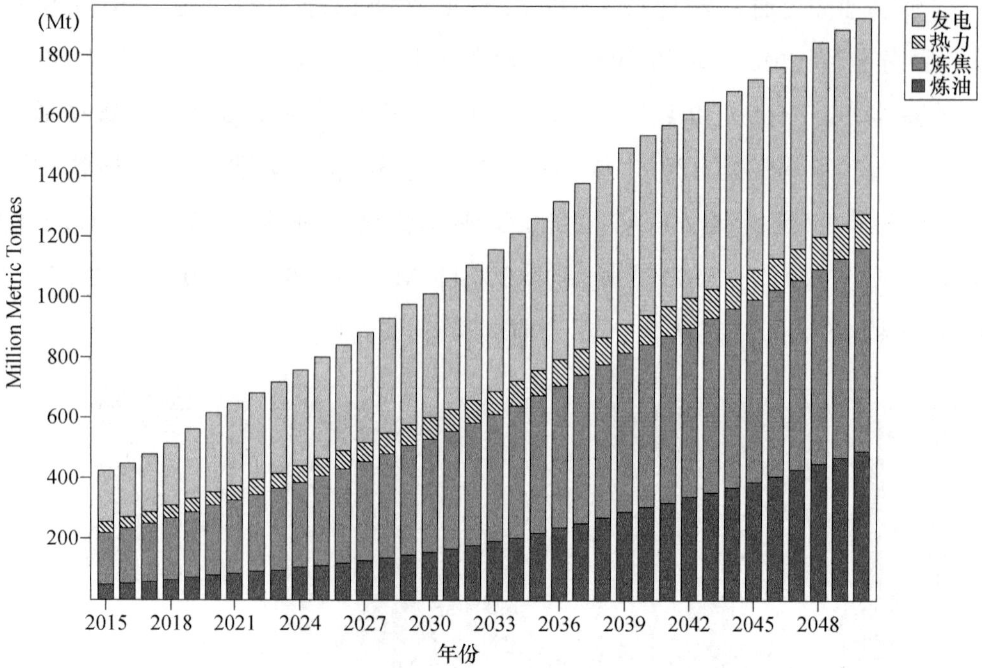

图 5-32　能源结构优化情景下加工转换部门碳排放趋势

Figure 5-32　The carbon emission in the processing sectors in TSO

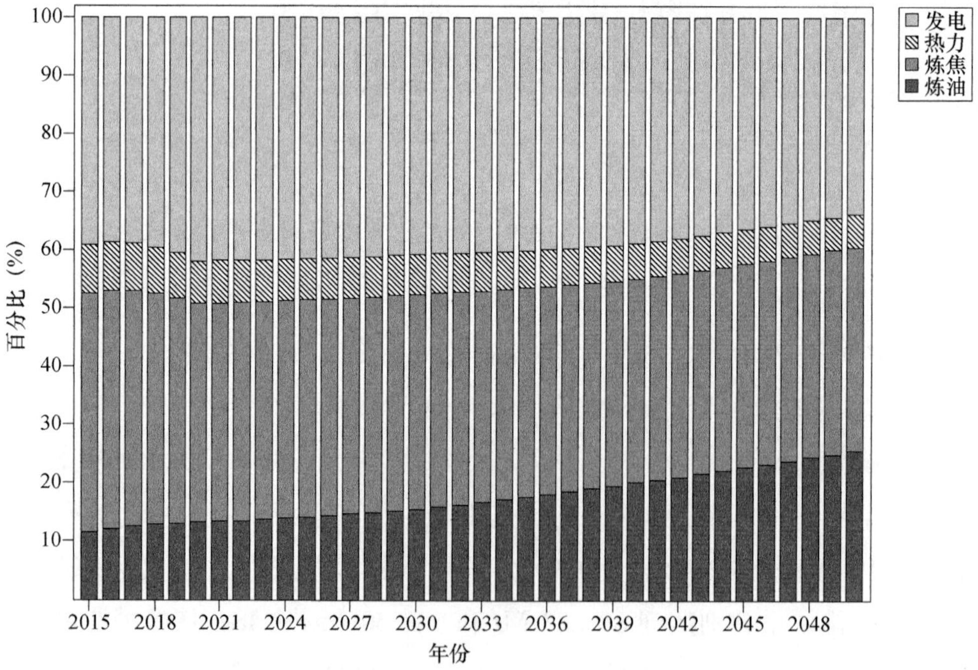

图 5-33　能源结构优化情景下加工转化各部门碳排放百分比

Figure 5-33　The carbon emission percentage in the processing sectors in TSO

5.5.4　低碳发展情景碳排放量预测

如图 5-34 所示，LCD 情景中河北省在产业和能源结构优化基础上采用先进技术，提高能源效率，降低能源强度，结合河北的地域优势进一步发展可再生能源（风能与太阳能），在输配过程中采用先进技术降低输配损失率；供热系统中提高供热效率，减少热能损失；在火力发电模块中引进先进技术，如超临界、超超临界等来提高发电效率。此情景中，碳排放总量在 2030 年达到峰值约为 1110 Mt，出现拐点，随后缓慢下降，但到 2050 年碳排放量依然大于基准年。相比 TSO 情景碳排放量大幅减少，到 2020、2030、2040 和 2050 年碳排放总量分别达 1021.19 Mt、1107.15 Mt、1066.85 Mt 和 957.27 Mt，分别比 ISO 情景减少 173.89 Mt、766.55 Mt、1517.12 Mt 和 2145.9 Mt，随着能源先进技术的提高和能源强度的降低，清洁能源的使用逐步提升，碳排放总量减少效果愈发明显。LCD 情景中碳排放总量从 2015 年的 920.56 Mt 增长到 2050 年 957.27 Mt，年均增长率为 0.11%，比 TSO 情景下降 2.36%。在此期间可以完成二氧化碳在 2030 年达到排放峰值的目标，因此，该情景在不影响河北省高速发展条件下适合河北省的低碳发展道路。可见能源技术水平的提高不仅能有效降低能源的消费总量，同时也能有效降低河北省碳排放总量，对其节能减排有重要意义。

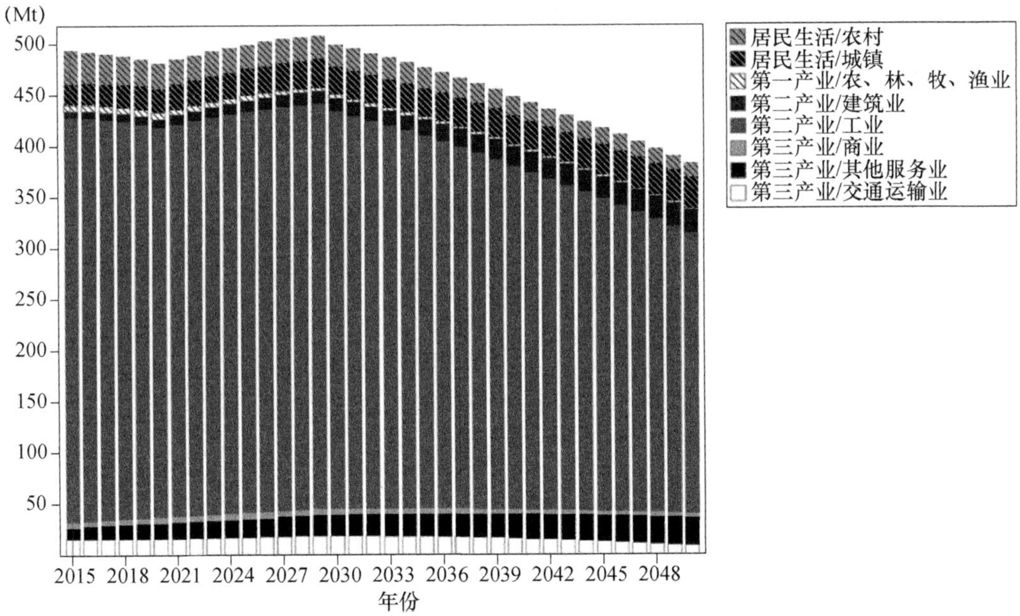

图 5-34　低碳发展情景下分产业分部门碳排放趋势图

Figure 5-34　The carbon emission prediction by the sectors in LCD

分产业来看，如图 5-35 所示，第一产业维持平稳发展，第二产业依然是碳排放最多的产业，下降幅度比其他情景更为明显，到 2050 年碳排放量达到 241.18 Mt，比 TSO 情景减少 746.47 Mt，第三产业碳排放趋势与 ISO、TSO 情景基本一致，到 2050 年达到 81.13 Mt，比 TSO 情景年减少 89.61 Mt，年均增长率为 2.66%。从分部门碳排放来看，工业部门碳排放呈现先增长后下降的趋势，呈倒“U”形曲线，在 2030 年前达到碳排放峰值，为 402.681 Mt，从 2015 年的 396.75 Mt 减少到 2050 年的 278.22 Mt，减少了 118.53 Mt，年均下降 1.01%。农林牧渔业碳排放基本维持平稳，缓慢下降。

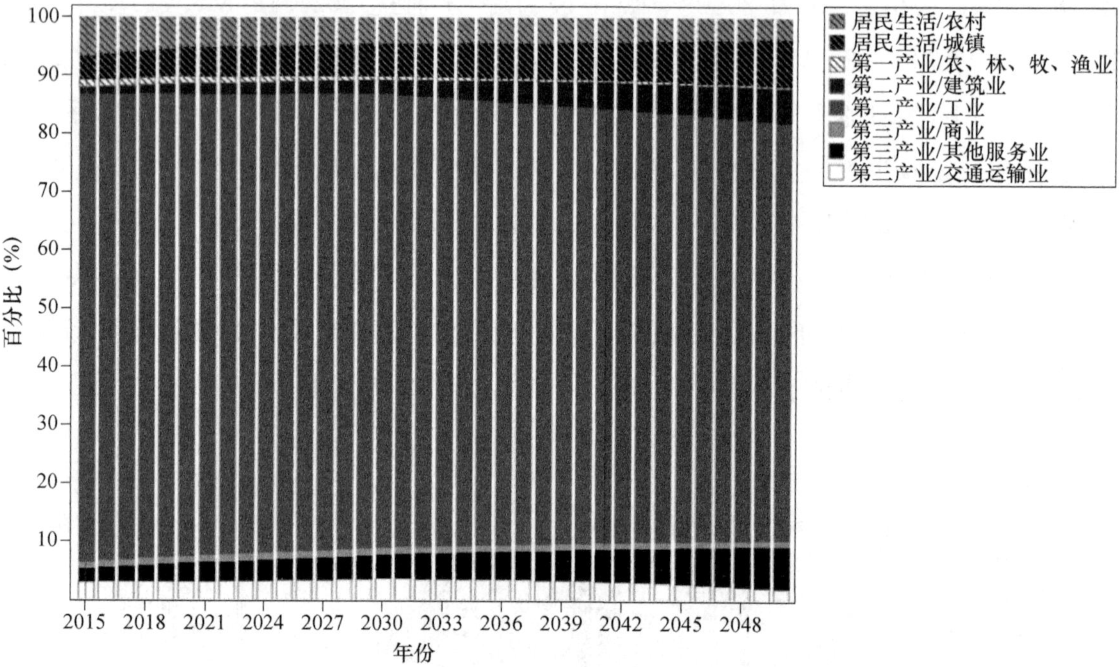

图 5-35　低碳发展情景下分产业分部门碳排放百分比

Figure 5-35　The carbon emission percentage by the sectors in LCD

居民生活整体碳排放呈持续下降趋势，农村生活部门碳排放从 2015 年的 32.01 Mt 减少到 2050 年的 4.26 Mt，减少了 27.75 Mt，城镇生活部门碳排放于 2020 年左右达到峰值，为 23.32 Mt，随后缓慢下降，初始上涨是由于人民生活水平的提高、家用电器的广泛使用以及城镇化的发展，大量农村人口涌入城市，造成城镇生活碳排放的上涨，随后由于节能技术的进步、清洁能源的广泛使用以及人们低碳减排意识的提高，使碳排放量减少。

建筑业、商业、服务业碳排放保持持续上涨趋势，到 2050 年碳排放量分别达到 27.74 Mt、9.25 Mt 和 52.02 Mt，比 TSO 情景分别减少 43.10 Mt、5.53 Mt 和 62.48 Mt，服务业增速最为明显。交通运输业碳排放先增加后减少，到 2040 年达到峰值，为 30.251 Mt，随后逐渐下降。这是由于私家车的进一步增多，导致开始时候碳排放量的增加，但随着国家政策对传统燃油汽车的限制，大力推广新能源汽车，则使碳排放逐步减少。工业部门仍然是河北省减排的主要目标之一。可见先进技术的引用可以从各个部门有效降低碳排放。

在加工转换过程中，到 2050 年碳排放总量达到 582.87 Mt，比 ISO 情景减少 1413.76 Mt。由于引进先进的发电技术，发电模块碳排放明显减少，到 2030、2050 年碳排放量分别为 232.19 Mt、120.53 Mt，比 TSO 情景减少 254.24 Mt 和 592.44 Mt。在内嵌 CCS 技术情景中，由于 CCS 技术的开始运用，使得发电模块碳排放进一步减少，到 2050 碳排放量为 42.90 Mt，减少 77.63 Mt。炼焦、炼油和供热过程碳排放量相比 TSO 情景也有大幅减少，到 2050 年碳排放量分别达到 208.85 Mt、36.31 Mt 和 214.4 Mt，分别比 TSO 情景减少 473.74 Mt、69.53 Mt 和 280.82 Mt，该情景通过采用先进技术，提高能源效率，使能源强度降低。大力发展清洁能源的使用，可有效从各个部门和转换过程节能减排。

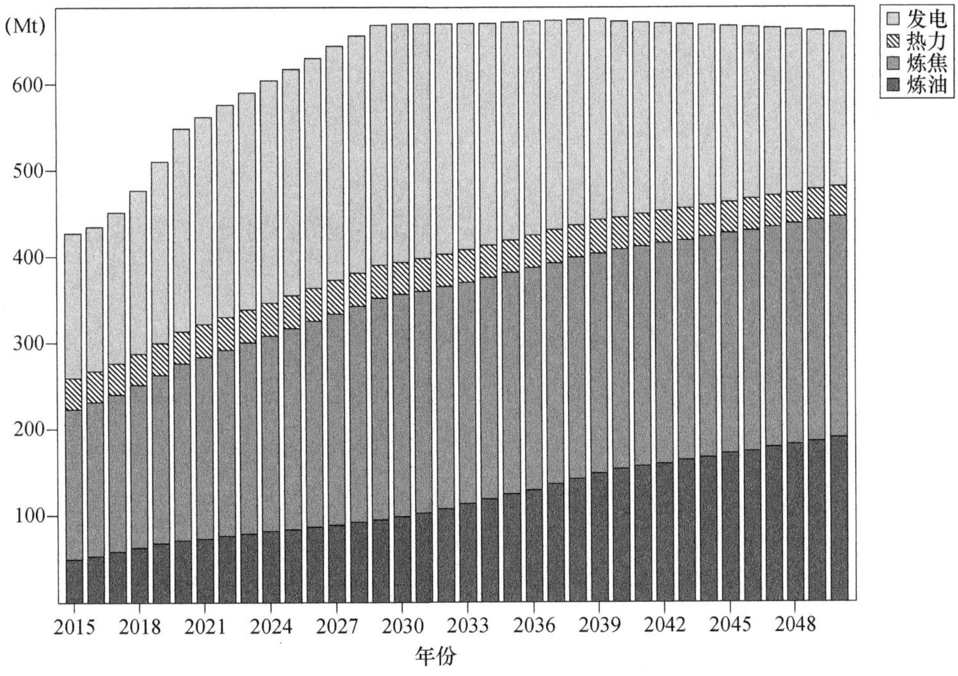

图 5-36　低碳发展情景下加工转换各部门碳排放趋势

Figure 5-36　The carbon emission in the processing sectors in LCD

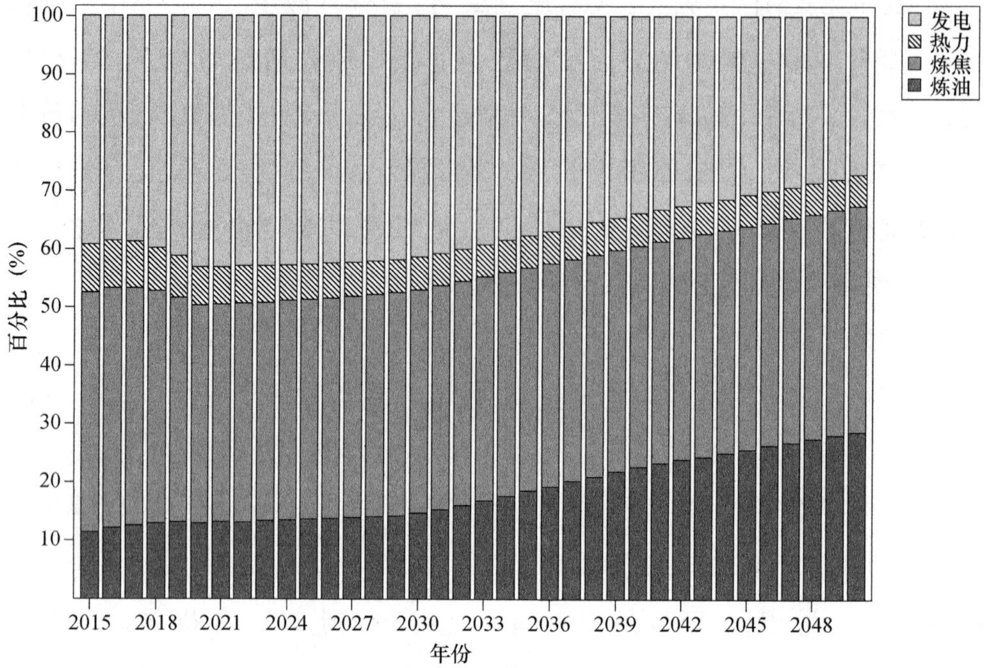

图 5-37　低碳发展情景下加工转换各部门碳排放百分比

Figure 5-37　The carbon emission percentage in the processing sectors in LCD

5.6　小结

本章根据第 4 章建立的 LEAP-Hebei 模型，估算了河北省不同情景下的能源消费和碳排放情况，得到主要结论如下。

（1）基准情景、产业结构优化情景和能源结构优化情景下河北省能源消费总量随着时间的推移不断上涨，低碳发展情景虽然也呈现上涨趋势，但增速缓慢。基准情景总能源需求量由 2015 年的 321.618 Mtce 增长到 2050 年的 2253.13 Mtce，年均增长率为 5.72%；产业结构优化情景总能源需求量由 2015 年的 321.618 Mtce 增长到 2050 年的 1361.09 Mtce，比基准情景减少 892.04 Mtce，年均增长率为 4.21%；能源结构优化情景总能源需求量由 2015 年的 321.618 Mtce 增长到 2050 年的 1408.48 Mtce，比基准情景减少 844.65 Mtce，年均增长率为 4.31%；低碳发展情景总能源需求量由 2015 年的 321.618 Mtce 增长到 2050 年的 458.40 Mtce，比基准情景减少 136.78 Mtce，年均增长率为 1.03%。在对四种情景的对比分析研究之后，可以得出，基准情景、产业结构优化情景和能源结构优化情景下能源消费总量呈现逐年大幅上升趋势，不适合河北省走低碳发展道路和可持续发展道路，将不利于河北省建设绿色、低碳、环保、节能的社会，而低碳发展情景虽然也有上涨，但增速缓慢，基本维持平衡，适合河北省走低碳发展道路。

(2)除了 LCD 情景能在 2030 年达到碳排放峰值外，其他情景均保持上涨趋势，从 REF 和 ISO 情景中我们发现，传统化石能源消耗的增大将会增加 CO_2 的排放量，对比 REF 和 ISO、TSO、LCD 情景，到 2050 年，ISO 情景 CO_2 排放量比 REF 情景减少 2450.77 Mt，TSO 情景比 ISO 情景少排放 1194.63 Mt，LCD 情景又比 TSO 情景少排放 2117.68 Mt，内嵌 CCS 技术情景比 LCD 情景少排放 71.74 Mt。我们发现，随着产业结构优化、能源结构优化、采用先进的设备技术、提高能源效率、可再生能源应用的不断扩大、火力发电部门引进先进的 CCS 技术等措施，能有效降低 CO_2 排放量，达到节能减排的目标。因此，得出 LCD 情景是比较适合河北的低碳路线发展的。从供给方面来看，可再生能源使用量的增加有助于减少 CO_2 的排放，这意味着要实现河北省的低碳发展，清洁能源技术的引进和部署需要同时关注需求和供应两方面。未来随着各部门用电量增加而减少化石能源的应用，使得转换部门 CO_2 排放量占比也随之加大，均超过 50%，从各个情景可以看出，转换部门对 CO_2 排放贡献最大。从终端能源消费部门来看，工业部门是河北省减排的主要目标之一，2015 年工业部门碳排放量占比达 43.10%。随着第三产业的不断发展和人民生活水平的不断提高，在我们采取一系列措施后，服务业和城镇生活部门 CO_2 排放量增速较快，LCD 情景中，工业部门实现了碳排放量的下降，于 2030 年左右达到碳排放峰值，到 2050 年占比降为 28.23%，建筑业、商业、服务业部门呈现持续增长趋势，交通运输业和城镇生活碳排放呈先上升后下降趋势，第一产业(农牧渔林业)维持缓慢下降趋势。

第6章 河北省能源生产水资源需求分析

6.1 引言

河北省水资源严重不足，人均水资源量 386 m^3，亩均水资源量 243 m^3，人均和亩均水资源量都相当于全国平均值的 1/8，均低于全国水平和相邻省（区、市），且部分山区自产地表水资源量已专供北京、天津两市使用。同时，河北省工业用水效率总体水平较低。万元工业增加值取水量（生产 1 万元增加值所需的取水量）比全国平均水平低十几个百分点，为发达国家的 5～10 倍；重复利用率远远低于发达国家，工业用水的供给不足和利用率低已严重制约了工业的发展。

本章构建基于“自下而上”的水资源消费需求模型，结合情景分析，深入探讨研究约束性多目标下河北省 2016—2050 年的能源需求结构变化对水资源消费的影响，深入分析能源结构与产业结构单独变化情况下能源生产与转化过程中对水资源的影响；同时，探究能源结构与产业结构协同调整变化下能源生产与转化过程中对水资源的影响，并进一步对比分析单独与协同调整对水资源消费影响的差异，为河北省用水结构持续优化、用水方式明显转变提供科技支撑。

6.2 河北省能源生产量预测

根据第 4 章构建的 LEAP-Hebei 模型，本节首先介绍不同情景下能源供给情况，进而进行生产与转化过程中的水资源消耗估算。具体见图 6-1，REF 情景、ISO 情景、TSO 情景呈持续不断上升趋势，LCD 情景由于严格的控制政策和先进技术设备的更新，相比前三种情景，情况有明显好转，传统能源的开采如煤炭、石油、天然气变化较大，供热和电力的需求持续上涨，由于河北是工业大省，炼焦、炼油产业一直占有重要地位，对碳排放和水资源消耗都具有较大影响，未来生产也应当引起我们的注意。在电力生产中，火力发电是重点调控对象，变化波动较大；水电、生物质能发电保持平稳，是由于河北降水稀少，水资源有限，水力发电不易开展，河北是农业大省而土地资源有限，生物质能发电多是利用农作物秸秆、垃圾作为燃料，变动平缓。到 2020 年，REF 情景、ISO 情景、TSO 情景和 LCD 情景能源生产和加工转换总量分别达到 477.23 Mt、426.09 Mt、465.03 Mt、365.42 Mt，到 2030 年 REF 情景、ISO 情景、TSO 情景和 LCD 情景能源生产和加工转换总量分别达到 1082.42 Mt、878.83 Mt、966.49 Mt、484.507 Mt，到 2050 年 REF 情景、ISO 情景、TSO 情景和 LCD 情景能源生产和加工转换总量分别达到 3281.74 Mt、2050.34 Mt，2080.49 Mt、505.515 Mt，相比 REF 情景，ISO 情景、TSO 情景和 LCD 情景能源生产量大幅下降，表明产业结构的调整和先进技术的应用能有效降低能源生产和加工转换量。TSO 情景总量高于 ISO 情景，是由于在火力发电由一次能源转换成电力时，发电效率低下，造成了一次能源的损失。REF 情景从 2015 年的 264.04 Mt 增长到 2050 年的 3281.74 Mt，年均增长率为 7.53%，是各情景中增幅最快的，其次为 TSO 情景，年均增长率为 6.07%，ISO 情景的年均增长率为 6.02%，增长最缓慢的是 LCD 情景，年均增长率仅为 1.87%，2050 年的能源生产和加工转换量仅比 2015 年增长241.48 Mt。REF 情景、ISO 情景在 2015—2050 年仍以传统化石燃料为主体，煤炭产业仍占各产业的最高比例，到 2050 年 REF 情景中煤炭产业占总量的 84.24%(图 6-2，见彩插)，ISO 情景改变产业结构比例，重点发展第三产业，煤炭产量、能源总产量相比 REF 情景大幅减少，2030 年、2050 年相比 REF 情景能源总产量下降了 19.78%和 39.47%，ISO 情景中煤炭产业占 68.22%，产业结构的改变能够有效降低煤炭产业的占比量(图 6-3，见彩插)。TSO 情景和 LCD 情景设置了煤炭清洁化(天然气代替煤炭，为了减少碳排放)，优化终端能源结构，开始发展风能、太阳能等可再生能源，传统化石能源所占比重逐步下降，到 2050 年年煤炭生产量比 ISO 情景降低 358.82 Mt，占比降为 49.99%，比 ISO 情景占比减少 18.23%(图 6-4，见彩插)。LCD 情景通过技术创新提高能源效率，进一步提高可再生能源使用占比，大力发展风能和太阳能，使得能源生产和加工转换总量进一步减少，天然气呈现先上升后下降趋势，风能、太阳能等清洁可再生能源成为了主要能源，2050 年，煤炭产量、石油产量相比 REF 情景分别下降了 93.86%、27.05%，风能相对增长了 1.38 倍，太阳能则增长了 62.96 倍

(图 6-5,见彩插),可再生能源逐步成为能源的重要来源,可再生能源利用的逐步扩大使得清洁能源的应用逐步上升,同时能有效降低 CO_2 的排放。通过对比四种情景发现,REF 情景和 ISO 情景不做能源结构调整,能源产量呈不断上升趋势,ISO 情景进行了产业结构优化,降低第二产业比例,提高第三产业比例,能源生产和加工转换量大幅减少,说明产业结构优化对能源生产有重要影响,应当降低高能耗产业的比重,LCD 情景在 2030 年左右达到排放峰值然后缓慢下降,说明在同样条件下,终端技术设备的进步能有效提高能源效率、降低能源消费。

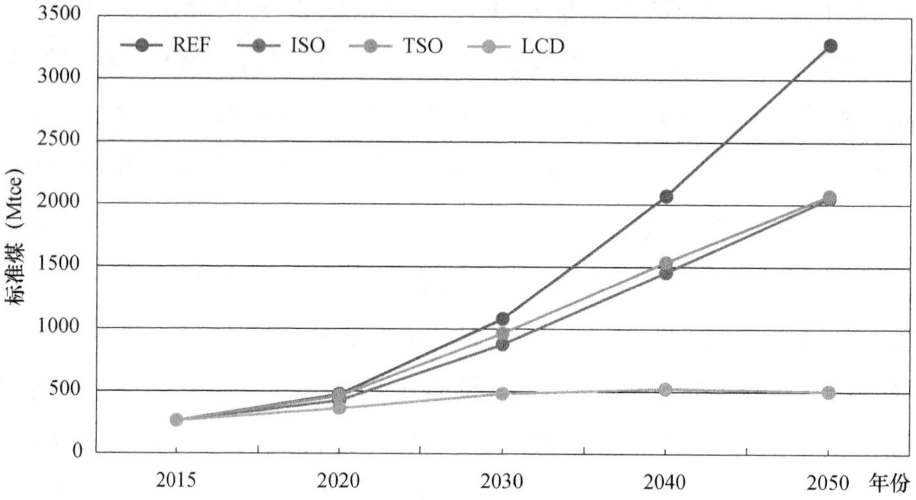

图 6-1　各情景下能源生产加工转换总量

Figure 6-1　The energy production in different scenarios

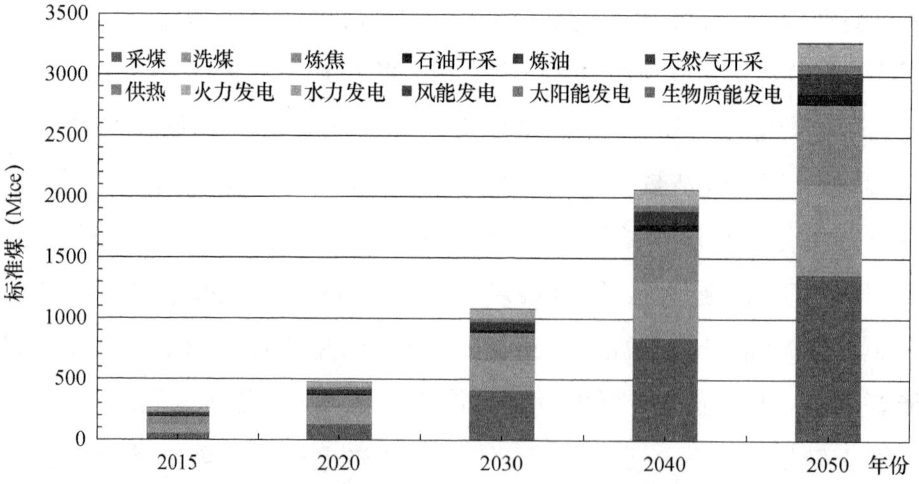

图 6-2　REF 情景下能源生产和加工转换各部门产量

Figure 6-2　The energy production in REF

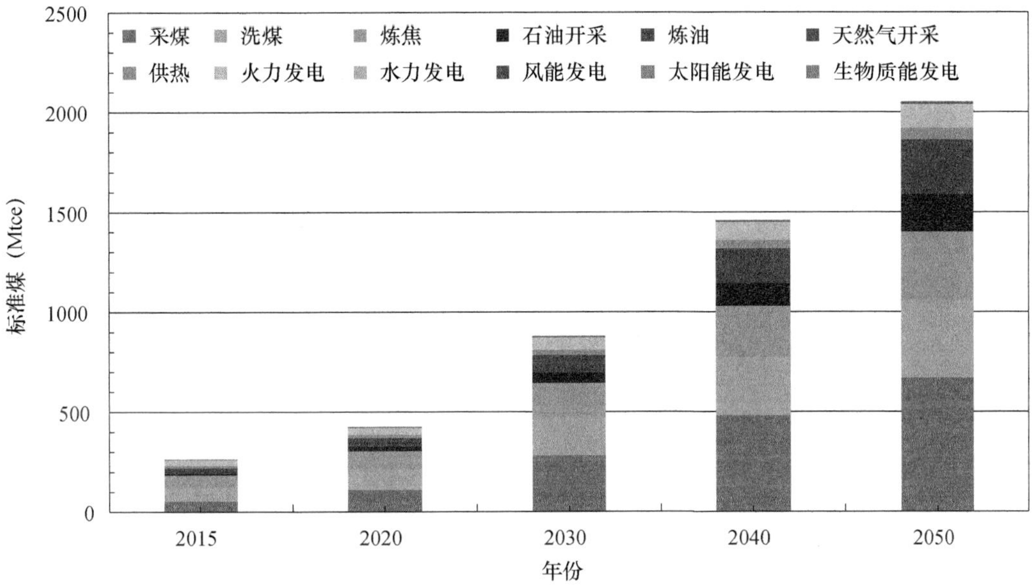

图 6-3　ISO 情景下能源生产和加工转换各部门产量

Figure 6-3　The energy production in ISO

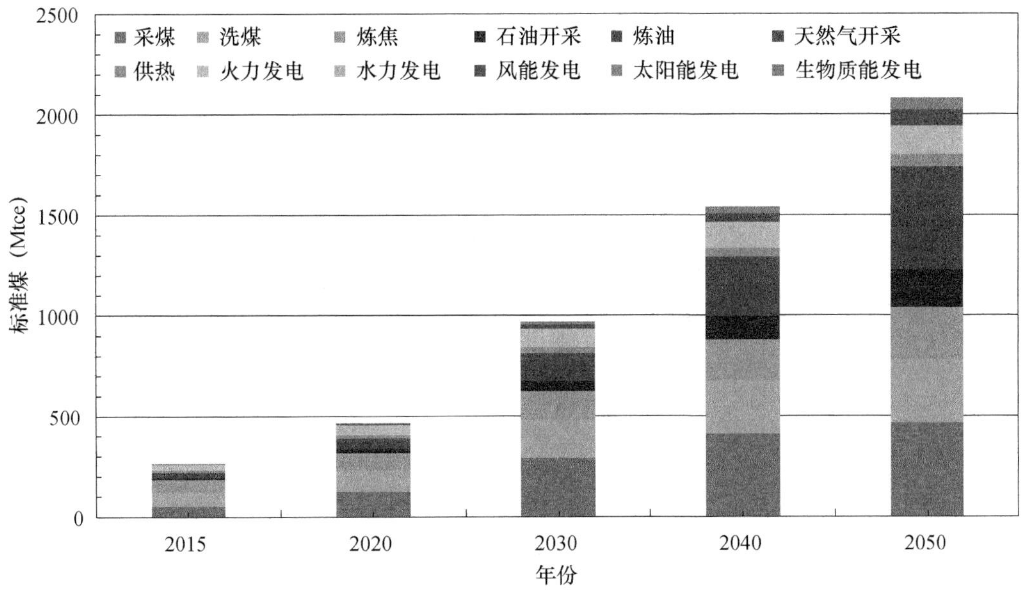

图 6-4　TSO 情景下能源生产和加工转换各部门产量

Figure 6-4　The energy production in TSO

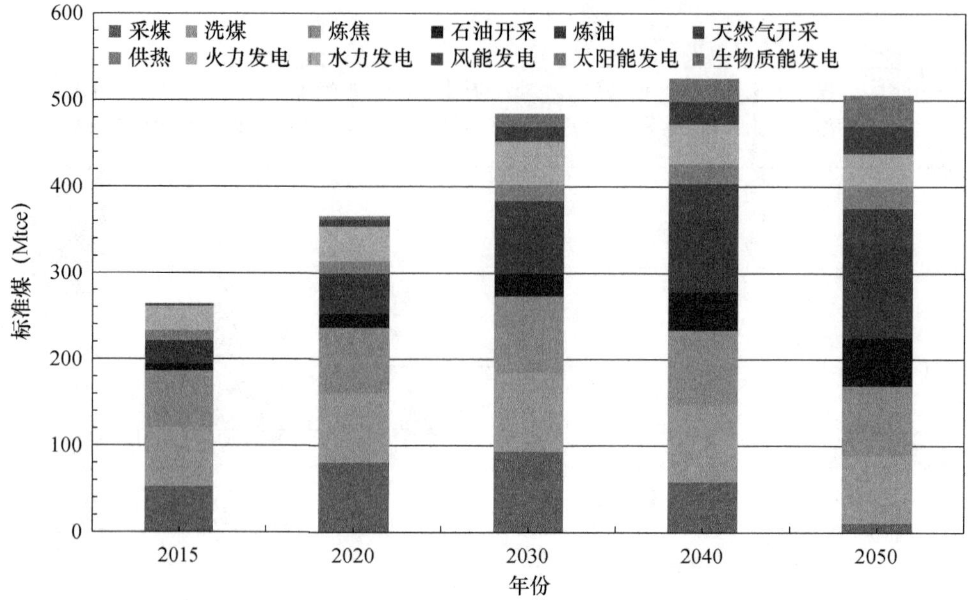

图 6-5　LCD 情景能源生产和加工转换各部门产量

Figure 6-5　The energy production in LCD

6.3　河北省能源取水和耗水量预测分析

能源产量的增加将会影响能源生产的用水量，采取不同的政策会对能源生产用水产生不同的影响，本次研究就采取的四种不同情景进行分析。预测的时间长度大约为 35 年，足以更新每个能源生产过程所采用的技术，有很多种技术可以降低能源和水资源的消耗，最为显著的就是采用高效的冷却技术。河北省电力供应目前主要以火力发电为主，采用的主要冷却技术是循环冷却，我们考虑到未来节水技术的进步，设置了变化参数，REF 情景能源取水和耗水强度保持基准年水平不变，其他三种情景均考虑到节水技术的进步，沿用情景估算的取水和耗水强度计算。根据目前河北发电量和冷却技术的组成，同时在本次研究中，主要考虑淡水的回收，海水消耗不在核算范围内。我们考虑了三种主要类型的冷却技术（一次冷却、循环冷却、空气冷却，海水冷却不在本书核算范围内），不同的冷却技术具有不同的取水强度和耗水强度，这三种技术取水和耗水强度差异很大。未来冷却技术发展占比（排除海水冷却发电）参数设置如表 6-1 所示。

表 6-1　模型设置未来发电冷却技术表

Table 6-1　The cooling technology in the future setting in the model

年份	2015	2020	2030	2040	2050
一次冷却	0.05	0.04	0.03	0.02	0.01
循环冷却	0.66	0.61	0.55	0.50	0.42
空气冷却	0.12	0.18	0.25	0.31	0.40

能源产量的增加将会影响能源生产的用水量，采取不同的政策会对能源生产用水产生不同的影响，本次研究基于四种不同情景进行分析，根据第 2 章描述公式，计算能源生产转换耗水量。通过对比四种情景发现，REF 情景能源产量呈不断上升趋势，能源生产取水量和耗水量也随之不断上升，ISO 情景进行产业结构优化，降低第二产业比例，提高第三产业比例，能源取水量在 2040 年左右达到峰值，随后缓慢下降，能源耗水量保持持续增长趋势。TSO 情景进行能源结构的优化，降低传统化石能源的应用，大力发展可再生能源，能源取水量在 2030 年左右达到峰值，耗水量在 2040 年左右达到峰值。LCD 情景在综合以上政策变化的基础上，采用先进技术，提高能源效率，进一步扩大可再生能源的应用，能源取水量先上升后下降，在 2020 年左右达到峰值，耗水量在 2030 年左右达到峰值，随后缓慢下降。具体各情景能源生产和加工转换用水量分析如下。

6.3.1　基准情景下耗水分析

在没有采取任何措施情况下一切按基准年发展的 REF 情景如图 6-6（见彩插）所示，2020、2030、2040、2050 年取水量将分别增加到 28.40 亿 m^3、53.70 亿 m^3、91.63 亿 m^3、131.44 亿 m^3，耗水量将分别增加到 6.56 亿 m^3、12.56 亿 m^3、21.66 亿 m^3和 31.60 亿 m^3，2050 年取水量和耗水量将比 2015 年增加 5.72 倍和 6.01 倍，取水量年均增长率为 5.60%，耗水量年均增长率为 5.72%，是所设置情景中增速最快的，这将对河北工业用水限制产生巨大压力，同时也对河北省水资源的保障产生严重挑战。到 2050 年，在取水量方面，大约有 72.43%的水用于火力发电，有 7.76%的水用于供热行业，煤炭开采、洗煤、炼焦、石油开采、炼油和天然气开采用水量占总用水量的 9.80%。在耗水量方面，煤炭开采、洗煤、炼焦、石油开采、炼油和天然气开采约占总耗水量的 36.19%，供热产业占 5.55%，电力产业耗水占总量的 58.25%，其中火力发电耗水就占了 56.06%。随着经济、人口和城镇化的发展，在不改变产业结构和能源结构的条件下，传统能源用水占比呈上涨趋势，从 2015 年的 9.78％增长到 2050 年的 20.01％，上涨了 10.23％（图 6-7，见彩插）。我们可以看出，无论取水量和耗水量，电力产业都占据主导地位，尤其是火力发电部门，未来需要采取相关措施严格控制火力发电用水，传统能源的用水也占较大部分且未来呈上涨趋势，应当引起当地政府的关注。

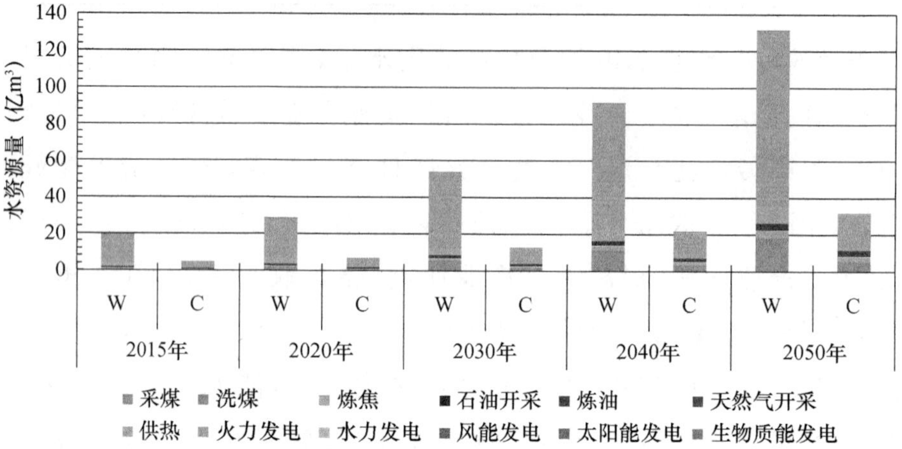

图 6-6　REF 情景下能源取水量和耗水量变化趋势（W 表示取水量，C 表示耗水量，余同）

Figure 6-6　The water withdrawal and consumption of the energy in REF

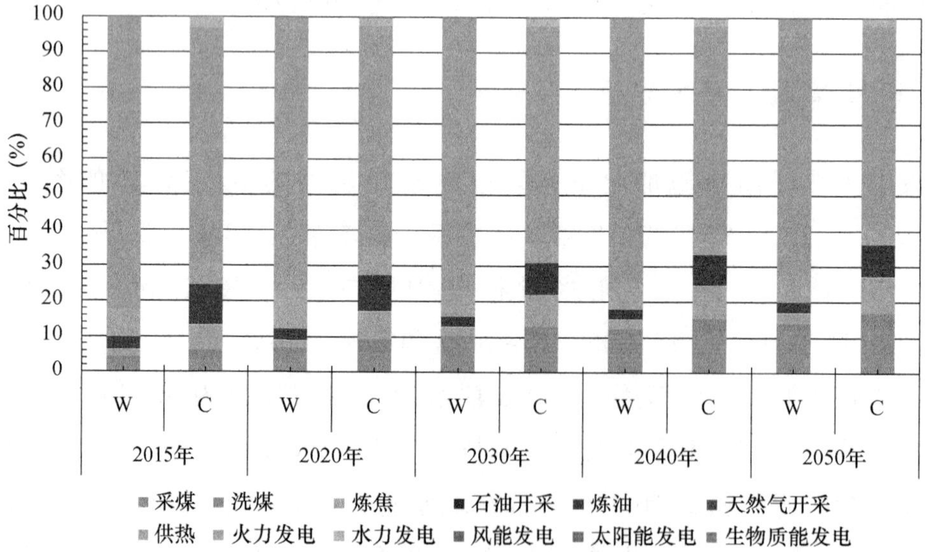

图 6-7　REF 情景下各产业取水和耗水量百分比

Figure 6-7　The water withdrawal and consumption percentage of the energy by industry in REF

6.3.2　产业结构优化情景耗水分析

如图6-8(见彩插)所示，对比REF情景，在ISO情景中，我们调整了产业结构，保持第一产业平稳发展，降低第二产业比例，提高第三产业比例，能源用水量相比REF情景大幅减少，能源取水量先上升后下降，在2040年左右达到峰值，但相比2015年仍保持较高速的增长，2030、2050年取水量达到28.01亿m^3和27.72亿m^3，比REF情景分别减少25.69亿m^3和103.72亿m^3。耗水量保持持续上涨趋势，无峰值出现，到2030、2050年分别达到8.13亿m^3、10.54亿m^3，比REF情景分别减少4.43亿m^3、21.06亿m^3。2015—2050年期间取水量年均增长率为1.01%，耗水量年均增长率为4.50%，说明调整产业结构和节水技术的进步可以有效减少能源用水量，但无法阻止增速过大的需求，能源需水量依然庞大，依然对河北水资源的保障产生严重挑战。火力发电取水量随着节水技术的进步在2030年达到峰值，随后缓慢下降，其他各部门仍呈上涨趋势。到2050年，在取水量方面，火力发电取水依然最大约有43.82%的水用于火力发电，有20.17%的水用于供热行业，煤炭开采、洗煤、炼焦、石油开采、炼油和天然气开采用水量占总用水量的36.01%。在耗水量方面，炼焦、炼油耗水占比呈上涨趋势，炼焦占5.32%，炼油占12.61%，供热产业占2.48%，火力发电占22.45%(图6-9，见彩插)。随着产业结构的调整和节水技术的进步，火力发电用水占比呈下降趋势，供热行业的用水占比成上涨趋势。火力发电部门依然是取水和耗水最多的部门，未来需要采取相关措施严格控制火力发电用水，传统能源的用水也占较大部分且未来呈上涨趋势，应当引起当地政府的关注。

6.3.3　能源结构优化情景耗水分析

如图6-10(见彩插)所示，对比ISO情景，在TSO情景中，在产业结构优化基础上进行了能源结构优化，能源用水量相比REF情景大幅减少，但比ISO情景略有增多，这主要是由于加工转换过程的火力发电增多引起的。能源取水量和耗水量都呈先上升后下降的趋势，取水量在2030年左右达到峰值，耗水量在2040年左右达到峰值，然后缓慢下降。到2030、2050年取水量达到36.98亿m^3、28.15亿m^3，比ISO情景增多8.72亿m^3、1.43亿m^3，耗水量到2030、2050年达到12.34亿m^3、

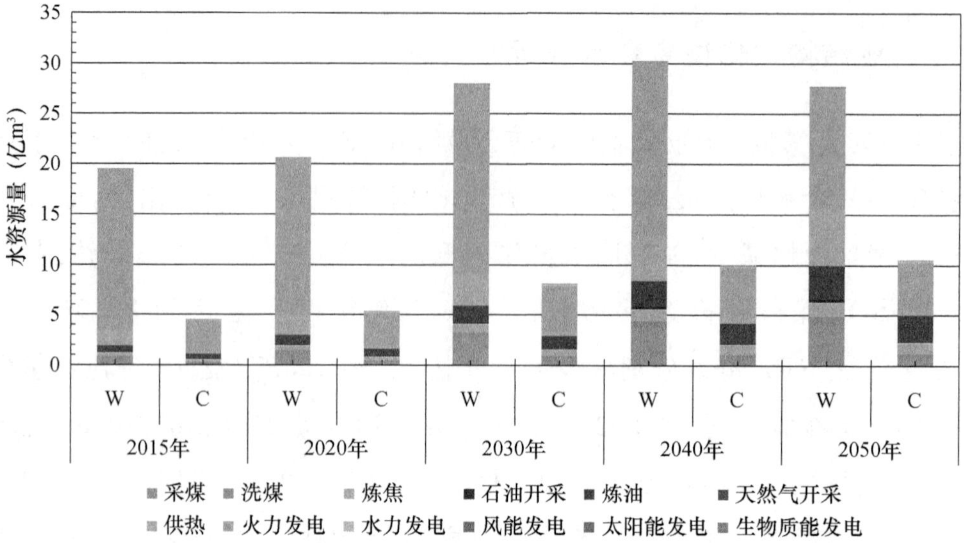

图 6-8　ISO 情景下能源取水量和耗水量变化趋势

Figure 6-8　The water withdrawal and consumption of the energy in ISO

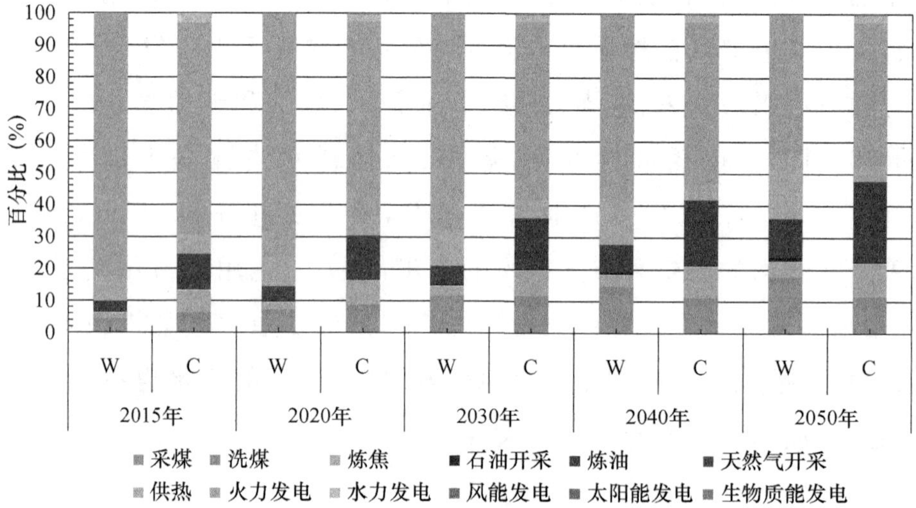

图 6-9　ISO 情景下各产业取水和耗水量百分比

Figure 6-9　The water withdrawal and consumption percentage of the energy by industry in ISO

13.96 亿 m^3，比 ISO 情景增多 4.11 亿 m^3、3.42 亿 m^3，增长速度减缓主要是由于可再生能源用水较少。2015—2050 年期间取水量年均增长率为 1.05%，耗水量年均增长率为 3.27%，能源结构优化应当结合火力发电技术的进步，从而降低能源用水量，该情景能源需水量依然庞大，对河北省水资源的保障产生严重挑战。

该情景中采取了天然气替代煤炭计划，使得煤炭开采、洗煤过程用水在 2040 年左右达到峰值，出现拐点。火力发电用水量在 2030 年左右达到峰值，随后缓慢下降，其他各部门仍呈上涨趋势。到 2050 年，在取水量方面，与 ISO 情景基本一致，火力发电取水量占比依然最大，约有 50.30%的水用于火力发电，有 20.14%的水用于供热行业，煤炭开采、洗煤、炼焦、石油开采、炼油和天然气开采用水量占总用水量的 29.16%，比 ISO 情景降低 6.85%，在耗水量方面，炼焦、炼油耗水占比呈上涨趋势，火力发电占 39.54%，是耗水量最大的部门，水力发电耗水占比呈增加趋势，2050 年占总耗水量的 24.23%，这是由于大力发展可再生能源，使水力发电增多(图 6-11，见彩插)。火力发电部门依然是取水和耗水最多的部门，未来应当引起当地政府的关注。

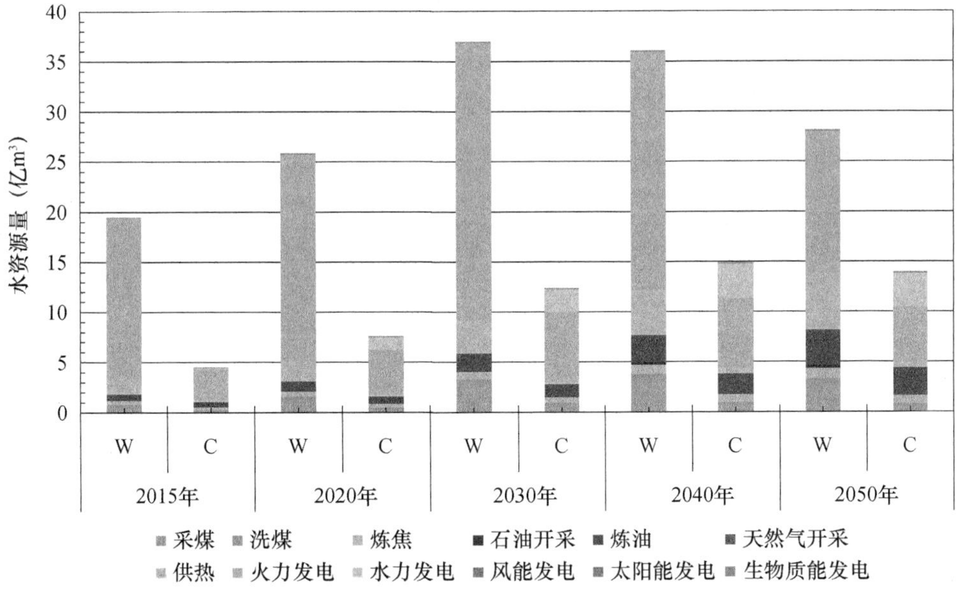

图 6-10　TSO 情景下能源取水量和耗水量变化趋势

Figure 6-10　The water withdrawal and consumption of the energy in TSO

6.3.4　低碳发展情景耗水分析

如图 6-12(见彩插)所示，对比 TSO 情景，LCD 情景在 TSO 情景基础上通过采用先进技术，提高能源效率，进一步大力发展可再生能源，着重发展风能和太阳能，能源用水量相较其他情景大幅减少，这主要是由于采用先进技术，提高能效，能有效降低能源生产和加工转换量，同时风能和太阳能发电耗水较小。能源取水

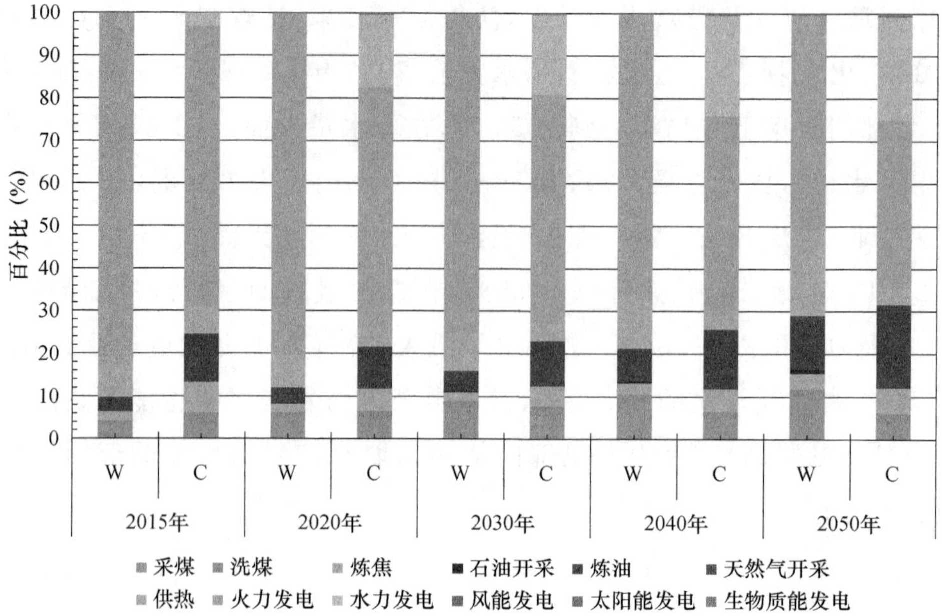

图 6-11 TSO 情景下各产业取水和耗水量百分比

Figure 6-11 The water withdrawal and consumption percentage of the energy by industry in TSO

量和耗水量都呈先上升后下降的趋势，取水量在 2020 年左右达到峰值，耗水量在 2030 年左右达到峰值，然后缓慢下降，比 TSO 情景到达峰值时间提早近 10 年。到 2030 年、2050 年取水量达到 20.22 亿 m^3、8.22 亿 m^3，比 TSO 情景减少16.76 亿 m^3、19.93 亿 m^3，耗水量到 2030 年、2050 年达到 6.88 亿 m^3、3.92 亿 m^3，比 TSO 情景减少 5.46 亿 m^3、10.04 亿 m^3，到 2050 年取水量和耗水量比 2015 年分别减少 11.26 亿 m^3、0.58 亿 m^3，是所设置情境中取水量和耗水量最小的，是唯一能够实现到 2050 年用水量小于 2015 年水平的。该情景能源需水量需求较小，符合河北省水资源可持续发展战略。该情景中采用先进技术，提高能效，大力发展可再生能源，使得能源消耗量大幅减少，火力发电占比逐渐降低，因而能源需水量逐渐减少。煤炭开采、洗煤过程用水在 2030 年左右达到峰值，出现拐点。火力发电用水量在 2020 年左右达到峰值，随后缓慢下降，炼焦过程用水在 2030 年左右达到峰值，其他各部门仍呈上涨趋势，但增速明显减缓。到 2050 年，在取水量方面，与 TSO 情景基本一致，火力发电取水量占比依然最大，约有 44.40％的水用于火力发电，有 29.44％的水用于供热行业，煤炭开采、洗煤、炼焦、石油开采、炼油和天然气开采用水量占总用水量的 25.66％，在耗水量方面，炼油耗水占比呈上涨趋势，火力发电占 36.22％，是耗水量最大的部门，水力发电耗水占比呈增长趋势，2050

年占总耗水量的 18.34%(图 6-13,见彩插),这是由于大力发展可再生能源,使水力发电增多,比 TSO 占比减少是由于风能和太阳能得到进一步发展,占比再次提高。火力发电部门依然是取水和耗水最多的部门,未来应当引起当地政府的关注。

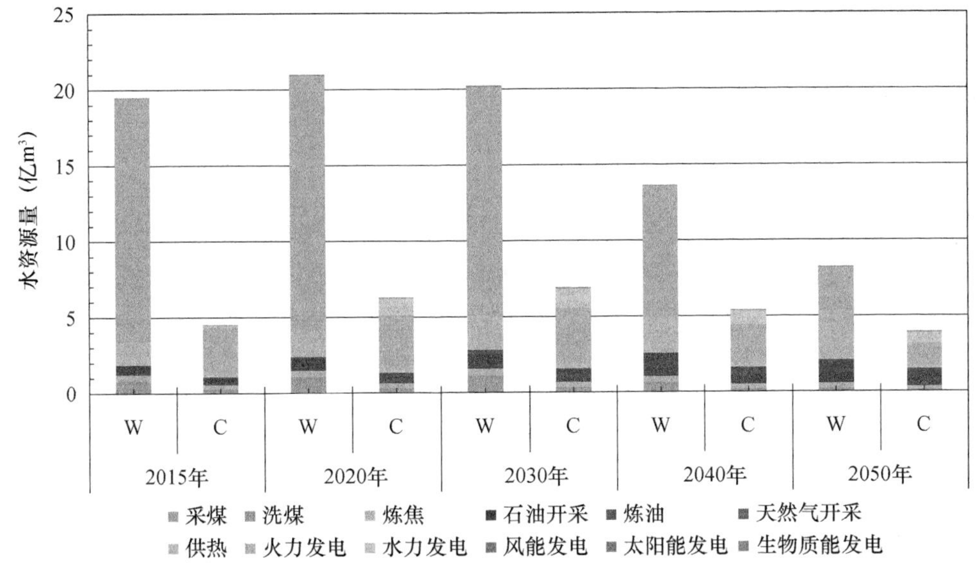

图 6-12　LCD 情景下能源取水量和耗水量变化趋势

Figure 6-12　The water withdrawal and consumption of the energy in LCD

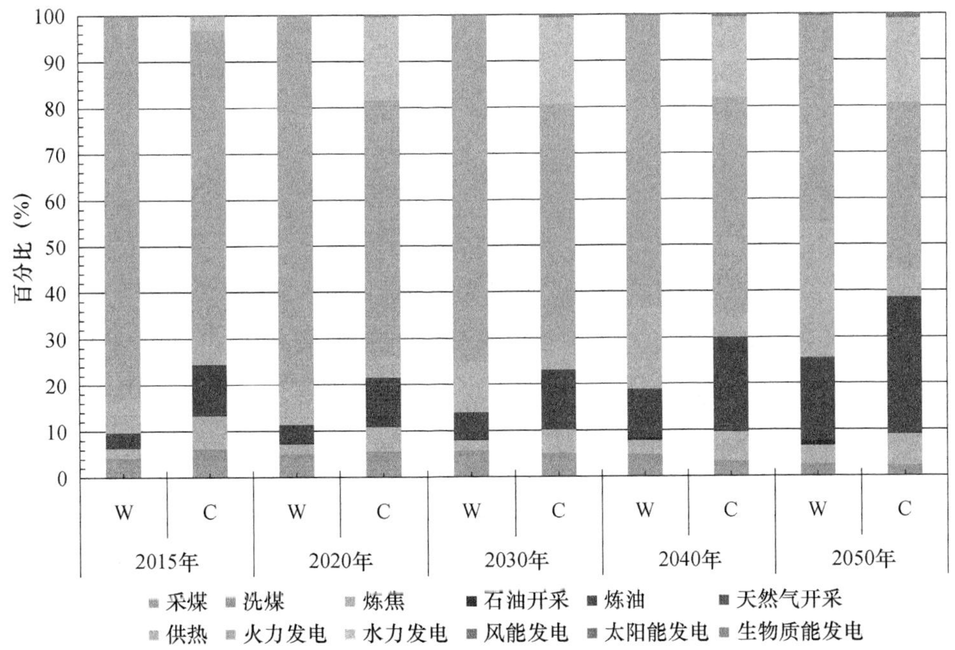

图 6-13　LCD 情景下各产业取水和耗水量百分比

Figure 6-13　The water withdrawal and consumption percentage of the energy by industry in LCD

从分部门来看，随着经济和城市化的发展以及人们生活水平的稳步提高，电力与供热部门所需用水量将会越来越多，各情景中在中长期时段内电力产业与热力产业是河北省能源产业用水比重最大的部分，以 LCD 情景发展为例，2030 年电力与热力产业占总能源生产取水量的 85.96%，煤炭产业、石油产业、天然气产业分别占 7.98%、5.86%和 0.19%，而关于耗水量，电力与热力产业占总能源生产耗水量的 74.61%，煤炭产业、石油产业、天然气产业分别占 11.56%、13.71%和 0.12%。

通过 LCD 情景对比 TSO 情景，我们发现在电力模块中，LCD 情景采用先进技术提高能效，进一步发展风能、太阳能等可再生能源来代替传统的火力发电，LCD 情景下 2030、2050 年电力产业取水量比 TSO 情景减少 68.02%和 91.13%，而耗水量分别减少 44.50%和 78.19%，这是由于风电、太阳能发电几乎不存在水耗环节，随着其发展规模的扩大，其重要的节水效益不断扩大，河北应充分利用自己的地域优势和自然资源，充分发展风能、太阳能等可再生能源的利用。同时在 LCD 情景中，2030 年电力模块引进了 CCS 技术，发电额外所需的取水量和耗水量均为 6049 万 m^3，到 2050 年增长到 26779 万 m^3，相比 2030 年增长了 3.43 倍，CCS 技术的应用虽然降低了碳排放，但与此同时增加了水资源的使用，降低了电力生产效率，造成了取水量和耗水量增大，因此在降低碳排放时应权衡水资源的限制。

6.4 小结

本章基于“自下而上”的水资源消费需求模型，结合情景分析，估算了河北省 2016—2050 年的能源生产量和生产转化过程中水资源消费量，深入分析了能源结构与产业结构调整变化下能源生产与转化过程中对水资源的影响，得到主要结论如下。

(1)能源生产量在 REF 情景、ISO 情景、TSO 情景等三种情景下均呈持续上升趋势，LCD 情景由于严格的控制政策和先进技术设备的更新，情况有明显好转，传统能源的开采如煤炭、石油、天然气变化较大，供热和电力的需求持续上涨，由于河北是工业大省，炼焦、炼油产业一直占有重要地位，未来会对碳排放和水资源消耗都具有较大影响。

(2)能源产量的增加将会影响能源生产的用水量,采取不同的政策会对能源生产用水产生不同的影响,根据计算结果,对比四种情景发现,REF 情景能源产量呈不断上升趋势,能源生产取水量和耗水量也随之不断上升,ISO 情景进行产业结构优化,降低第二产业比例,提高第三产业比例,能源取水量在 2040 年左右达到峰值,随后缓慢下降,能源耗水量保持持续增长趋势。TSO 情景进行能源结构的优化,降低传统化石能源的应用,大力发展可再生能源,能源取水量在 2030 年左右达到峰值,耗水量在 2040 年左右达到峰值。LCD 情景在综合以上政策变化的基础上,采用先进技术,提高能源效率,进一步扩大可再生能源的应用,能源取水量呈现出了先上升后下降的趋势,并在 2020 年左右达到峰值,耗水量在 2030 年左右达到峰值,随后缓慢下降。

第7章　河北省能源发展低碳与节水发展路径分析

7.1　引言

河北省主要依靠工业带动经济发展，同时又处于快速的城市化进程的一个能源高消费大省，在其能源消费的过程中，带来了大量温室气体排放和水资源消费，相比沿海省市对其低碳与节水发展之路的研究更为有意义。因此，本书选取河北省为对象研究，拟提出不限制河北省经济发展，同时又能实现低碳减排与水资源节约任务的河北省低碳发展路径，可为以其他省市的低碳与节水发展情景分析为主题的研究提供科技支撑。

本章主要依托第5章和第6章不同情景下的能源碳排放与水资源消费量估算结果为基础，从三个层面提出河北省的资源环境统筹优化（低碳与节水）途径：能源供应、能源消费以及科技创新。例如，能源供应低碳与节水路径是从源头上对碳基能源的供应进行结构调整，通过一系列的措施鼓励新能源的开发利用，淘汰或是减少传统高耗能、高排放以及高耗水的能源利用，这样可以从源头上实现高污染、高排放以及高耗水的能源低消费；能源消费低碳与节水路径是对碳排放的中间环节进行完善，通过优化产业结构来降低高排放产业的比重，通过优化产业结构来优化用水结构；通过技术升级等措施对高排放的重点部门——工业、交通、商业进行节能减排和水资源消费约束；科技创新路径主要利用碳捕捉、碳封存技术等对已排放出来的CO_2进行捕集、再利用，从而降低大气中碳的排放，同时，水资源节约科技创新路径可以通过各种非常规水资源的开发利用具有各自的特点和优势，可以在一定程度上替代常规水资源，加速和改善天然水资源的循环过程,使有限的水资源发挥出更大的效用。从而形成河北省低碳与节水发展路径图,见图7-1。

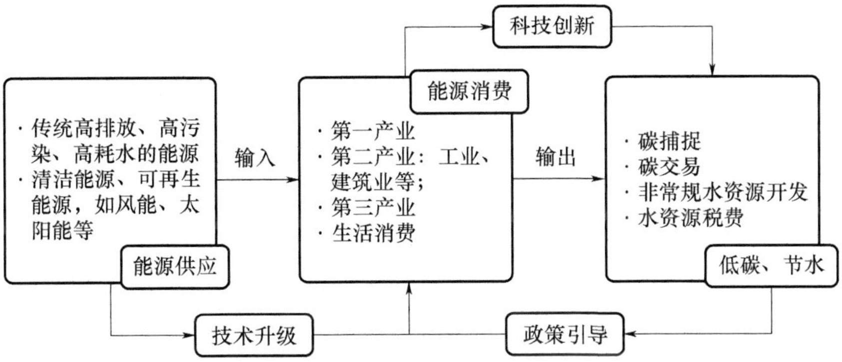

图7-1　河北省低碳与节水发展路径图

Figure 7-1　The roadmap of the low carbon and water conservation development in Hebei Province

7.2　能源供给低碳与节水

7.2.1　能源供给低碳

能源供应低碳环节是改变能源结构低碳发展路径的有效途径,所以也可称作"能源结构低碳化"路径,主要是通过改变碳基能源的使用比例,抑制高排放、高污染能源的使用,促进清洁、可再生能源的使用,实现河北省低碳发展的目标。如抑制高排放能源的利用,大力推进节能环保供给侧结构性改革,在对煤炭、原油、天然气等实施从价计征改革基础上,对其他矿产资源全面实施资源税改革;鼓励直接向一次能源煤炭、石油等的生产商征收碳税,增加开发成本,抑制生产商开发、利用传统高排放能源的积极性,促使他们开发新能源或者混合使用,如利用生物质燃料跟煤进行混合燃烧,二氧化碳的排放就会比传统只燃烧煤可以降低10%~20%。河北省可再生能源资源丰富,例如,张家口是我国华北地区风能和太阳能资源最丰富的地区之一,风能资源可开发量达4000万千瓦以上,太阳能发电可开发量达3000万千瓦以上,赤城、怀来等县地热资源蕴藏丰富,各种生物质资源年产量达到200万吨以上，尚义、赤城、怀来等县都具备抽水蓄能电站建设条件。因此，河北省未来可以加强区域之间的合作及国际科技合作，研发高效率可再生能源开发利用技术，推进成型新能源开发技术的发展，在资源、环境的约束下，力争经济从传统的以高消耗原材料换取经济飞速增长的高碳方式向环境友好、节能减排、可持续发展的低碳方式转变。

7.2.2 能源供给节水

通过调整能源供给侧结构性改革，促进河北省新能源产业的发展，做强太阳能光伏、风力发电产业链，加快低耗水能源的开发利用。例如，鼓励河北省大力发展高端风力发电设备，加大风电场规划、开发、建设力度，积极推进保定能源装备基地建设；突破新型高效光伏电池及组件研发、封装和制造等关键技术，加强大型光伏系统设计集成能力，推动太阳能光伏发电系统集成和规模化应用，提高晶硅电池转化效率，降低能源消耗和生产成本；加快保定新能源及能源装备、邢台光伏等国家级新型工业化产业示范基地建设，通过低耗水能源供给侧改革来减少水资源的消耗。

7.3 能源消费低碳与节水

7.3.1 能源消费低碳

从河北省的能源消费现状可以看出，2015年河北省第二产业和居民消费行业的能源消费在总能源消费中的比重高达90%，第二产业能源消费水平一直居高不下，在河北省能源消费总量中占77%，居民生活消费行业次之。根据第5章情景分析结果可以发现，无论在何种情景下，工业始终是能源消费的主要主体。另外，通过情景分析结果可以发现，温室气体中80.3%（2015年结果基准情景）的CO_2来自于工业排放。因此，河北省应对高能耗、高排放、高污染的行业制定严格的节能减排准入标准，调整原有能源消费结构，重点淘汰工业领域，如电力、钢铁、煤炭、有色、建材、石化、造纸等产能落后工业。对粗钢、水泥、铅等高能源消费行业制定更为严格的CO_2排放指标。总体上来看，河北省能源“十三五”发展需要综合考虑外部环境和内在发展趋势，能源终端需求要进一步减速换档，限制高耗能产业扩张，引导行业改造升级，推动工业生态友好的发展。争取在保障合理能源需求的基础上，大力实施工业节能战略，力争以更少的能源消费支撑工业经济稳定健康发展，通过加强能源消费调控，落实消费总量和消费强度“双控”政策，配合供给侧改革，从需求侧全面着力，加快构建清洁低碳、安全高效的现代能源体系，促进京津冀协同发展，保障经济强省、美丽河北建设。

7.3.2 能源消费节水

由张兵兵对河北省工业各行业的完全用水系数研究显示，除个别产业外，工业部口内各产业的水资源利用效率已处于较高水平，这是在河北省长期水资源严重稀缺的约束下逐步发展造成的[151]。在水资源利用效率处于较高的水平下，根据上一章研究表明，2015年河北省能源生产和转化过程中的水资源消耗量仍然居高不下，表明河北省的工业用水量仍处于小幅度范围波动的稳态中，并没有明显的下降趋势。另外，河北省正处于工业化中期，工业化发展仍将持续，工业用水需求量仍很大，在如此尖锐的水资源供需矛盾中，由于通过技术创新提高各产业用水的技术效率以减少水资源的利用也非常艰巨，需要通过调整能源终端消费结构来提高水资源的配置效率，进而减少水资源的利用。如第二产业（工业、建筑业等）的能源消费需求量大，虽然其对拉动其他产业发展具有一定的作用，但可以根据需要适当限制其发展，而鼓励对其他产业如具有拉动作用且能源效率较高的产业进行发展，进而可以减少水资源的消耗。

7.4 科技创新低碳与节水

7.4.1 科技创新低碳

根据第5章的介绍可知，在低碳发展情景下，超临界、超超临界和CCS技术被广泛使用，电力热力碳排放因子更大幅度下降，具体内容为：2030年，电力模块中，

CCS技术开始应用，火力发电中比例占到10%；2040年，电力模块中，CCS技术得到发展，火力发电中比例占到30%；2050年，电力模块中，CCS技术进一步发展，CCS技术得到广泛使用，火力发电中比例占到60%。计算结果可知，在碳捕捉技术情景模拟中，温室气体的排放量较其他情景大大降低。发展低碳经济的关键技术在于技术的创新，因此在河北省选取适合封存二氧化碳的地质结构，包括油田、气田、咸水层、无法开采的煤矿等，可以首先将大型发电厂、钢铁厂、化工厂等温室气体排放产生的二氧化碳收集起来，进行碳捕捉，以降低碳排放量。另外，在碳捕捉与封存的技术开发中，还可以有效解决水资源管理配置问题。早在2014年，中美两国就联合呼吁在改进“碳捕捉和封存”技术方面做出示范，在提高碳封存能力的同时缓解用水压力，目的是通过对二氧化碳的提取把地下水置换出来，而在置换的过程中，二氧化碳也被封存到了地下。置换出的咸水如同石油一样，还可以提取有价值的元素，或者把水淡化处理后用于生产生活、居民消费。但是，目前碳捕捉的成本相对来说很高，未来需要做的是通过技术革新和理论创新，降低开发成本的碳捕捉技术研发对河北省发展来说显得尤为重要。

7.4.2 科技创新节水

加快推行清洁生产，积极推进工业重复用水利用，从政策上引导、经济上扶持工业企业改善生产工艺、改良生产设备，严格控制废水的产生和排放，降低水资源消耗，提高资源综合利用水平。健全水资源循环利用回收体系，大力推广循环用水系统、蒸汽冷凝水回收再利用技术、外排废水回用技术、“零排放”技术等，严格节水技术标准，推进节水示范工程建设，提高重复用水率。在提高工业用水效率的同时，河北省应积极采取科技创新措施，推进非常规水资源的开发利用。非常规水资源是指区别于传统意义上的地表水、地下水的(常规)水资源，主要有雨水、再生水(经过再生处理的污水和废水)、海水、空中水、矿井水、苦咸水等，这些水资源的特点是经过处理后可以再生利用。各种非常规水资源的开发利用具有各自的特点和优势，可以在一定程度上替代常规水资源，加速和改善天然水资源的循环过程，使有限的水资源发挥出更大的效用。如在微咸水、海水利用方面，将制定鼓励使用非常规水价格政策，利用价格杠杆促进微咸水、海水淡化开发利用；鼓励发展海水直接利用技术，扩大沿海地区海水直接利用和海水淡化规模。在秦皇岛、唐山、沧州等沿海城市，加快发展海水冷却、海水淡化等，推进电力、化工、石化等行业直接利用海水作为循环冷却等工业用水，加快推进淡化海水作为生活用水补充水源；在矿井生产方面，在河北省大力推广废弃矿井水处理及资源化技术：①构建去产能矿井含水层污染缓解体系，对还有一定抽水条件的去产能矿井，仍然坚持抽水和封堵较大导水通道相结合，使含水层水位依然保持较低水平，减少矿井水的形成；②建立无抽水能力矿井群污水处理中心：矿井水水位上升会造成地下水系统污染，根据地下水和煤系地层特点，将矿井水导入标高较低的采空区，实现污水处理后分质利用；③在“导—储—用”为核心的煤矿地下水保护利用理念上，对于复杂地质条件矿区，进一步研究采空区空间规模和储水特征，进行采空区水库设计，以期创造可观的经济、生态和环保效益。

7.5　小结

本章主要结合河北省 LEAP-Hebei 模型不同发展情景下的能源需求预测、碳排放以及水资源消费预测结果分析，形成河北省低碳与节水发展路径图。从三个大的方面并结合政策干预提出河北省低碳与节水发展的路径。

(1)从源头改变能源供给结构，替代高排放、高耗水能源。例如，开发利用新能源来降低碳排放和水资源消耗；建立健全碳排放、水资源交易机制，鼓励能源消费主体主动节能减排。

(2)从中间调整优化能源终端消费的结构、优化技术等实现河北省的低碳与节水发展战略。例如，进一步优化河北省工业结构，能源终端需求要进一步减速换档，限制高耗能产业扩张，引导行业改造升级，推动工业生态友好的发展。

(3)从末端对已排放的 CO_2 利用捕集、封存技术，降低 CO_2 的排放；加强水资源循环利用回收体系，对非常规水资源进行再开发利用，加速和改善天然水资源的循环过程，使有限的水资源发挥出更大的效用。

以可再生能源为核心的能源革命快速演进，开发利用可再生能源、加强非常规油气资源、非常规水资源的开发利用已成为河北省未来能源安全重要保障途径，本书研究以期为河北省应对气候变化，促进京津冀协同发展，保障经济强省、美丽河北建设提供科技支撑。

第 8 章 结论及展望

8.1 结论与创新

8.1.1 主要结论

本书研究工作是围绕河北省能源消费影响下的碳排放和水资源消费趋势预测，以及如何实现河北省低碳与节水发展目标方面展开的深入研究，针对河北省能源消费现状与发展趋势、碳排放峰值调控与水资源消费问题主要开展了四个方面的研究工作，构建的模型或定量研究方法主要包括能源系统流动模型、构建“自下而上”的终端能源消费模型与水资源消费模型。得到主要研究结论如下。

(1)系统进行了河北省能源供应与需求现状综合分析。2015 年，煤炭仍是河北省的主要一次供应能源，占总供求的 76.70%；河北省电力以火电为主，而且火电的能源是煤，并且发电效率较低下，仅约为 37.3%；河北省 2015 年工业部门能源消耗占比最大，占终端能源消耗的 77.7%，反映了河北省经济发展仍以工业为主拉动经济的发展特点；同时，整个“十二五”期间，河北省的生活消费行业能源增长速度超过了全国平均水平，但是同期的生活消费领域能源增长可能性远远小于全国平均水平；各个能源消费行业的能源消耗总体增长趋势不大。但是，“十二五”期间河北省能源消费结构仍然不合理，今后仍需要继续优化能源结构，大力发展非化石能源的替代作用。

(2)完成了河北省能源消费与碳排放趋势预测研究。ISO 情景中河北省采取了产业结构政策，控制第二产业的发展，大力发展第三产业，其碳排放量比 REF 情景大幅减少，到 2020、2030、2040 和 2050 年碳排放总量分别达 1216.38 Mt、

2068.97 Mt、3160.37 Mt 和 4297.8 Mt，但此情景仍然无法完成二氧化碳在 2030 年达到峰值的目标。TSO 情景比 ISO 情景碳排放大幅减少，到 2020、2030、2040 和 2050 年碳排放总量分别达 1195.08 Mt、1876.35 Mt、2677.53 Mt 和 3262.67 Mt，随着能源结构的深入调整，清洁能源的使用占比越高，碳排放总量减少越多；LCD 情景中河北省碳排放总量在 2030 年达到峰值为 1107.05 Mt，出现拐点，随后缓慢下降。相比 TSO 情景碳排放量大幅减少，到 2020、2030、2040 和 2050 年碳排放总量分别达 1021.19 Mt、1107.15 Mt、1066.85 Mt 和 957.27 Mt，分别比 ISO 情景减少，能源强度的降低，清洁能源的使用逐步提升，碳排放总量减少效果愈发明显，并且在此情景下，可以完成二氧化碳在 2030 年达到峰值的目标。因此，LCD 情景在不影响河北高度发展条件下适合河北省的低碳发展道路。可见能源技术水平的提高不仅能有效降低能源的消费总量，同时也能有效降低河北省碳排放总量，对其节能减排有重要贡献；

(3)完成了河北省能源生产和转化过程中的水资源需求分析。河北省能源产量的增加将会影响能源生产的用水量，在 REF 情景下，2020、2030、2040、2050 年取水量将分别增加到 28.40 亿 m^3、53.70 亿 m^3、91.63 亿 m^3、131.44 亿 m^3，耗水量将分别增加到 6.56 亿 m^3、12.56 亿 m^3、21.66 亿 m^3 和 31.60 亿 m^3；在 ISO 情景中，2030、2050 年取水量达到 28.01 亿 m^3 和 27.72 亿 m^3，比 REF 情景减少 25.69 亿 m^3 和 103.72 亿 m^3。耗水量保持持续上涨趋势，无峰值出现，到 2030、2050 年达到 8.13 亿 m^3、10.54 亿 m^3，比 REF 情景减少 4.43 亿 m^3、21.06 亿 m^3；在 TSO 情景中，能源取水量和耗水量都呈先上升后下降趋势，取水量在 2030 年左右达到峰值，耗水量在 2040 年左右达到峰值，然后缓慢下降。到 2030、2050 年取水量分别达到 36.98 亿 m^3、28.15 亿 m^3，耗水量到 2030、2050 年分别达到12.34 亿 m^3、13.96 亿 m^3，增长速度减缓主要是由于可再生能源用水较少；LCD 情景在 TSO 情景基础上通过采用先进技术，提高能源效率，进一步大力发展可再生能源，着重发展风能和太阳能，能源用水量相较其他情景大幅减少，能源取水量和耗水量都呈先上升后下降的趋势，取水量在 2020 年左右达到峰值，耗水量在 2030 年左右达到峰值，然后缓慢下降，LCD 是所设置情景中取水量和耗水量最小的，是唯一能够实现到 2050 年用水量小于 2015 年用水量水平的。但是，在 LCD 情景下的 CCS 技术的应用虽然降低了碳排放，但与此同时增加了水资源的使用，降低了电力生产效率，造成了取水量和耗水量增大，因此在降低碳排放时应权衡水资源的限制。

(4)提出了河北省低碳、节水双重约束下的能源发展路径。河北省低碳与节水发展路径应从三个大的方面展开，首先从源头改变能源供给结构，加强可再生能源以及非常规油气资源的开发利用，替代高排放、高耗水能源；其次，从中间调整优化能源终端消费的结构、优化技术等实现河北省的低碳与节水发展战略；进一步优化河北省工业结构，能源终端需求要进一步减速换档；最后，从末端对已排放的 CO_2 利用碳捕集、封存技术，降低 CO_2 的排放，并注重加强水资源循环利用回收体系建设，重视非常规水资源的开发利用。

8.1.2 创新之处

(1)应用创新

① 能流图可以系统反映初级能源转换为最终消费形态或完成最终用途的相对效率，体现了能源系统各过程用能技术的特点和能效水平。本书采用河北省能流系统模型研究分析河北省能源供给、流动、消费现状，不仅可以描述河北省能源系统从能源生产到最终使用过程的全貌，也便于根据不同需要，对某一部门的能源消费结构、利用状况和节能潜力进行综合分析。

② 借助 LEAP 模型软件构建了河北省不同产业生命周期能源—碳排放预测模型，研究范围包括能源供给、转化及消费需求不同阶段在内的整个流程。模型系统采用的本地化碳排放系数，从峰值控制视角，结合情景分析，深入探讨研究能源结构与产业结构变化下对区域碳排放峰值大小与时间的影响，为河北省能源低碳发展提供科学参考。

③ 构建基于“自下而上”的水资源消费需求模型，结合情景分析，深入探讨研究约束性多目标下河北省 2016—2050 年的能源需求结构变化对水资源消费的影响，研究分析河北省水资源、经济社会发展和能源消费复合系统的协同机制，为河北省能源消费结构调整和水资源的合理配置倾向提供科技参考。

(2)理论创新

本书基于能源经济学、资源科学与战略管理理论，围绕节能、减排、低耗水的可持续发展目标，在分析河北省能源消费结构发展现状与趋势预测的基础上，对该地区中长期能源消费所产生环境与水资源的影响进行了定量分析，从而从能源供给、能源消费与科技创新三个层面构建河北省能源供给与需求结构低碳化与节水型规划路径，对于充分把握区域各要素间的平衡关系以及发展和调整方向具有重要的理论指导意义。

8.2　研究不足与展望

(1)水资源系统与能源系统之间存在强烈的物质交换、能量和信息的交换关系与相互耦合作用，并由此推动着水资源系统、能源系统的演化，由此构成一个水—能源复合系统。例如，水与能源之间存在相互依赖的关系，水的提取、运输和处理需要消耗能源，能源的生产以及化石能源的开采需要使用水资源，但本书由于资料获取限制，未能深入考虑河北省水资源开采过程中的能源消耗问题。因此，在进一步获取完善的数据基础上将进一步开展水资源开发利用中的能源消耗分析研究。

(2)本书研究虽然已经对河北省能源消费碳排放的若干关键科学问题进行了模型构建和深入分析，但是在预测研究需要对若干变量进行参数设定时，虽然已尽可能地参考变量的历史趋势及相关研究成果进行设定，但仍无法避免参数设定过程中及结果的主观性和一些不足之处，仍然存在一定的局限性。因此，如何更为科学地设定碳排放变量参数也是需要进一步开展的研究工作。

参考文献

[1]袁一仁,洪水峰,王然,等. 生态文明战略下我国城镇化道路研究—基于资源环境问题的反思[J]. 中国国土资源经济,2016,29(5):44-49.

[2]张文斌,颜毓洁. 从“美丽中国”的视角论生态文明建设的意义与策略—从党的十八大报告谈起[J]. 生态经济(中文版),2013(4):184-188.

[3]穆艳杰,郭杰. 以生态文明建设为基础努力建设美丽中国[J]. 社会科学战线,2013(2):57-62.

[4]邵红,李爱芳. 可持续发展视域下的生态文明建设研究[J]. 世纪桥,2013(15):58-60.

[5]方龑宸. 城市低碳规划策略研究[J]. 经营管理者,2010(9):16-18.

[6]Huss M,Hock R. A new model for global glacier change and sea-level rise[J]. Frontiers in Earth Sciences,2015,3:54.

[7]Adhikari B R,Rai S M,Upreti B N,et al. Climate Change Impact on Glacier Retreat and Local Community in the Langtang Valley,Central Nepal[J]. Journal of Development Innovations,2018,1:45-59.

[8]Wang F,Wang C,Su Y,et al. Decomposition Analysis of Carbon Emission Factors from Energy Consumption in Guangdong Province from 1990 to 2014[J]. Sustainability,2017,9(2):274.

[9]Bieber N,Ker J H,Wang X,et al. Sustainable planning of the energy-water-food nexus using decision making tools[J]. Energy Policy,2017,113:584-607.

[10]Houghton R A,Nassikas A A. Global and regional fluxes of carbon from land use and land cover change 1850-2015[J]. Global Biogeochemical Cycles,2017,31(3):456-472.

[11]Li X,Chen G,Liu X,et al. A New Global Land-Use and Land-Cover Change Product at a 1-km Resolution for 2010 to 2100 Based on Human-Environment Interactions[J]. Annals of the American Association of Geographers,2017:1-20.

[12]Borrelli P,Robinson D A,Fleischer L R,et al. An assessment of the global impact of 21st century land use change on soil erosion[J]. Nature Communications,2017,8(1):1-13.

[13]Dong N, You L, Cai W, et al. Land use projections in China under global socioeconomic and emission scenarios: Utilizing a scenario-based land-use change assessment framework [J]. Global Environmental Change, 2018, 50: 164-177.

[14]孟琳. 河北省 CO_2 排放现状及趋势预测研究[D]. 保定:华北电力大学(保定), 2014.

[15]张佳宁. 基于能源强度和总量控制的河北省工业能源消费研究[D]. 北京:华北电力大学, 2014.

[16]刘亦文. 能源消费、碳排放与经济增长的可计算一般均衡分析[D]. 长沙:湖南大学, 2013.

[17]裴桂芬, 郑明慧. 河北省能源消费及节能对策分析[J]. 河北大学学报(哲学社会科学版), 2011, 36(6): 87-93.

[18]舟丹. "十三五"是我国能源低碳转型的关键期[J]. 中外能源, 2017(9): 6-6.

[19]Cho W G, Nam K, Pagán J A. Economic growth and interfactor/interfuel substitution in Korea[J]. Energy Economics, 2004, 26(1): 31-50.

[20]Andrew C. Harvey, Pablo Marshall. Inter-fuel substitution, technical change and the demand for energy in the UK economy[J]. Applied Economics, 1991, 23(6): 1077-1086.

[21]John Kraft, A. Kraft. On the Relationship Between Energy and GNP[J]. The Journal of Energy and Development, 1978, 3(2): 401-403.

[22]Apergis N, Payne J E. Renewable energy consumption and economic growth: Evidence from a panel of OECD countries[J]. Energy Policy, 2010, 38(1): 656-660.

[23]Yildirim E, Aslan A. Energy consumption and economic growth nexus for 17 highly developed OECD countries: Further evidence based on bootstrap-corrected causality tests [J]. Energy Policy, 2012, 51(51): 985-993.

[24]范佳佳. 基于改进粒子群算法的京津冀能源消费结构优化研究[D]. 北京:华北电力大学, 2016.

[25]邱立新, 雷仲敏, 周田君. 中国能源结构优化的多目标决策[J]. 青岛科技大学学报(社会科学版), 2006, 22(3): 49-54.

[26]韩文科, 胡秀莲, 高世宪. 中国能源消费结构变化趋势及调整对策[M]. 北京:中国计划出版社, 2007.

[27]马红燕. 中国能源消费结构转移的 Markov 链研究[D]. 太原:山西财经大学, 2007.

[28]管卫华, 顾朝林, 林振山. 中国能源消费结构的变动规律研究[J]. 自然资源学报, 2006, 21(3): 150-150.

[29]兰国栋. 乌鲁木齐终端能源消费结构与采暖季 PM_{10} 污染相关性分析[J]. 干旱环境监测,

2007,21(2):87-91.

[30]谢乃明,刘思峰.能源消费总量与结构预测分析——以江苏省为例[J].工业技术经济,2009,28(1):46-49.

[31]钟晓青,吴浩梅,纪秀江,等.广州市能源消费与GDP及能源结构关系的实证研究[J].中国人口·资源与环境,2007,17(1):135-138.

[32]林琳.基于低碳经济视角的中国能源结构分析[J].开放导报,2010(5):46-50.

[33]Fan J,Sun W,Ren D M. Renewables portfolio standard and regional energy structure optimisation in China[J]. Energy Policy,2005,33(3):279-287.

[34]罗斐,罗婉婉.中国能源消费结构优化的问题与对策[J].中国煤炭,2010,36(7):21-25.

[35]徐东,刘清志,王臻.低碳视角下我国能源结构优化研究[J].生态经济,2011(9):85-87.

[36]刘振元.低碳经济视角下我国能源结构优化研究[J].商业经济研究,2011(10):122-123.

[37]徐军委,刘志华.基于灰色系统理论的我国能源结构预测及优化研究[J].工业安全与环保,2013,39(5):59-61.

[38]孙晓鑫,孔微巍.我国节能减排中一次能源消费结构优化问题研究[J].商业研究,2008(12):58-61.

[39]濮洪九.洁净煤技术产业化与我国能源结构优化[J].煤炭学报,2002,27(1):1-5.

[40]张炫炫."十二五"期间能源结构优化及新能源发展对策研究[D].济南:山东科技大学,2011.

[41]张春莲.基于遗传算法的河北省能源结构多目标优化研究[D].北京:华北电力大学,2013.

[42]刘继秀.基于LEAP模型吉林省长期能源消耗量及碳排放量分析[D].长春:吉林大学,2017.

[43]Ahmad A,Zhao Y,Shahbaz M,et al. Carbon emissions,energy consumption and economic growth:An aggregate and disaggregate analysis of the Indian economy[J]. Energy Policy,2016,96:131-143.

[44]Esso L J,Keho Y. Energy consumption,economic growth and carbon emissions:Cointegration and causality evidence from selected African countries[J]. Energy,2016,114:492-497.

[45]Jebli M B,Youssef S B. The role of renewable energy and agriculture in reducing CO_2 emissions:Evidence for North Africa countries[J]. Mpra Paper,2015,74:295-301.

[46]Zhang X,Wang F. Hybrid input-output analysis for life-cycle energy consumption and carbon emissions of China's building sector[J]. Building & Environment,2016,104:188-

197.

[47]Liu Y,Zhao G,Zhao Y. An analysis of Chinese provincial carbon dioxide emission efficiencies based on energy consumption structure[J]. Energy Policy,2016,96:524-533.

[48]Zhang W,Li K,Zhou D,et al. Decomposition of intensity of energy-related CO_2 emission in Chinese provinces using the LMDI method[J]. Energy Policy,2016,92:369-381.

[49]Adewuyi A O,Awodumi O B. Biomass energy consumption,economic growth and carbon emissions:Fresh evidence from West Africa using a simultaneous equation model[J]. Energy,2017,119:453-471.

[50]Wang Z H,Yuan W Q. Analysis of Carbon Emissions from Petroleum Energy Consumption in Heilongjiang Province[J]. Advanced Materials Research,2015,1073-1076:2620-2623.

[51]徐家鹏. 中国农业能源消耗与 CO_2 排放:趋势及减排路径——基于 Holt-Winter 无季节性模型和"十三五"的预测[J]. 生态经济(中文版),2016(2):122-126.

[52]高长春,刘贤赵,李朝奎,等. 近 20 年来中国能源消费碳排放时空格局动态[J]. 地理科学进展,2016,35(6):747-757.

[53]尹敬东,王菲. 中国经济发达地区能否率先实现节能减排目标——以江苏省为例[J]. 南京财经大学学报,2016(3):18-25.

[54]田雷. 吉林省能源碳排放驱动因素与新常态背景下碳排放趋势研究[D]. 长春:吉林大学,2016.

[55]王虹,林玲. 北京制造业增加值与能源消耗、CO_2 排放的关系研究[J]. 数据,2013(10):72-75.

[56]刘晴川,李强,郑旭煦. 基于化石能源消耗的重庆市二氧化碳排放峰值预测[J]. 环境科学学报,2017,37(4):1582-1593.

[57]于洋. 全国视角下吉林省二氧化碳排放竞争力及时间演变特性分析[J]. 税务与经济,2017(1):108-112.

[58]方齐云,吴光豪. 城市二氧化碳排放和经济增长的脱钩分析——以武汉市为例[J]. 城市问题,2016(3):56-61.

[59]姜珊. 水—能源纽带关系解析与耦合模似[D]. 北京:中国水利水电科学研究院,2017.

[60]Chapagain A K,Hoekstra A Y. Virtual Water Trade:A Quantification of Virtual Water Flows Between Nations in Relation to International Crop Trade[J]. J. Org. Chem,2002,11(7):835-855.

[61]Hoekstra A Y,Chapagain A K. Water footprints of nations:Water use by people as a

function of their consumption pattern[J]. Water Resources Management,2007,21(1):35-48.

[62]Okadera T,Chontanawat J,Gheewala S H. Water footprint for energy production and supply in Thailand[J]. Energy,2014,77:49-56.

[63]Lin G,Jiang D,Duan R,et al. Water Use of Fossil Energy Production and Supply in China[J]. Water,2017,9(7):513.

[64]Gerbens-Leenes P W,Hoekstra A Y,Meer T H V D. Water Footprint of Bio-energy and Other Primary Energy Carriers[R]. UNESCO-IHE Institute for Water Education,2017.

[65]World Energy Council. Water for energy 2010[C]. India Environment Portal KNOWLEDGE FOR CHANGE. 2010.

[66]Webber M E. The water intensity of the transitional hydrogen economy[J]. Environmental Research Letters,2007,2(3):034007.

[67]Stamford L,Azapagic A. Life cycle sustainability assessment of electricity options for the UK[J]. International Journal of Energy Research,2012,36(14):1263-1290.

[68]Ayres A. Germany's water footprint of transport fuels. [J]. Applied Energy,2014,113:1746-1751.

[69]Ackerman F,Fisher J. Is there a water-energy nexus in electricity generation? Long-term scenarios for the western United States[J]. Energy Policy,2013,59(8):235-241.

[70]宋轩,耿雷华,杜霞,等．我国火电工业取用水量及其定额分析[J]. 水资源与水工程学报,2008,19(6):64-66.

[71]左建兵,刘昌明,郑红星．北京市电力行业用水分析与节水对策[J]. 给水排水,2008,34(6):56-60.

[72]Shang Y,Wang J,Liu J,et al. Suitability analysis of China's energy development strategy in the context of water resource management[J]. Energy,2016,96(96):286-293.

[73]王婷,田秉晖,闫浩文,等．基于全生命周期的生物质能水资源扰动风险评价——以油菜籽生物柴油为例[J]. 可再生能源,2013,2(2):84-89.

[74]Hong Y,Yuan Z,Liu J. Land and water requirements of biofuel and implications for food supply and the environment in China[J]. Energy Policy,2009,37(5):1876-1885.

[75]Hamiche A M,Stambouli A B,Flazi S. A review of the water-energy nexus[J]. Renewable & Sustainable Energy Reviews,2016,65:319-331.

[76]Bertrand A,Mastrucci A,Schüler N,et al. Characterisation of domestic hot water end-uses for integrated urban thermal energy assessment and optimisation[J]. Applied Ener-

gy,2017,186:152-166.

[77]Denooyer T A,Peschel J M,Zhang Z,et al. Integrating water resources and power generation:The energy-water nexus in Illinois[J]. Applied Energy,2016,162:363-371.

[78]Vilanova M R N. Exploring the water-energy nexus in Brazil:The electricity use for water supply[J]. Energy,2015,85:415-432.

[79]Malik R P S. Water-energy nexus in resource-poor economies:The Indian experience[J]. International Journal of Water Resources Development,2002,18(1):47-58.

[80]Topi C,Esposto E,Govigli V M. The economics of green transition strategies for cities: Can low carbon,energy efficient development approaches be adapted to demand side urban water efficiency[J]? Environmental Science & Policy,2016,58:74-82.

[81]Yang Y J,Goodrich J A. Toward quantitative analysis of water-energy-urban-climate nexus for urban adaptation planning[J]. Current Opinion in Chemical Engineering,2014, 5:22-28.

[82]Scott C A,Pierce S A,Pasqualetti M J,et al. Policy and institutional dimensions of the water-energy nexus[J]. Energy Policy,2011,39(10):6622-6630.

[83]王伟荣,张玲玲. 最严格水资源管理制度背景下的水资源配置分析[J]. 水电能源科学,2014(2):105-106.

[84]Fredrich Kahrl, David Roland-Holst. China's water-energy nexus[J]. Water Policy, 2008,10(S1):1-16.

[85]Feng K,Hubacek K,Siu Y L,et al. The energy and water nexus in Chinese electricity production:A hybrid life cycle analysis[J]. Renewable & Sustainable Energy Reviews, 2014,39(6):342-355.

[86]Chang Y,Huang R,Ries R J,et al. Life-cycle comparison of greenhouse gas emissions and water consumption for coal and shale gas fired power generation in China[J]. Energy,2015,86:335-343.

[87]郭有,李达然,贲岳. 内陆核电水源供水保证率选取[J]. 水利水电技术,2011,42(12):9-11.

[88]曹永旺,杨天伟. CPR1000滨海核电站用水量分析[J]. 给水排水,2012(s1):318-321.

[89]Li X,Feng K S,Yimling S,et al. Energy-water nexus of wind power in China:the balancing act between CO_2 emissions and water consumption. [J]. Energy Policy,2012,45(11):440-448.

[90]Qin Y,Curmi E,Kopec G M,et al. China's energy-water nexus-assessment of the energy

sector's compliance with the "3 Red Lines" industrial water policy[J]. Energy Policy, 2015,82(1):131-143.

[91]Gu A, Teng F, Lv Z. Exploring the nexus between water saving and energy conservation: Insights from industry sector during the 12th Five-Year Plan period in China[J]. Renewable & Sustainable Energy Reviews, 2016, 59:28-38.

[92]张军委．重庆能源消费、碳排放量与经济增长[D]. 重庆:重庆大学,2010.

[93]刘艳清．区域经济可持续发展系统的协调度研究[J]. 社会科学辑刊,2000(5):79-83.

[94]关华．能源—经济—环境系统协调可持续发展研究[D]. 天津:天津大学,2011.

[95]王泳璇．城镇化与碳减排目标背景下能源—碳排放系统建模研究[D]. 长春:吉林大学,2016.

[96]邓玉勇,杜铭华,雷仲敏．基于能源—经济—环境(3E)系统的模型方法研究综述[J]. 甘肃社会科学,2006(3):209-212.

[97]张阿玲,郑淮,何建坤．适合中国国情的经济、能源、环境(3E)模型[J]. 清华大学学报(自然科学版),2002,42(12):1616-1620.

[98]王仲瑀．黑龙江省能源可持续发展研究[D]. 哈尔滨:东北林业大学,2007.

[99]诸大建,陈飞．上海发展低碳城市的内涵、目标及对策[J]. 城市观察,2010(2):54-68.

[100]楚春礼,鞠美庭,王雁南,等．中国城市低碳发展规划思路与技术框架探讨[J]. 生态经济,2011(3):45-48.

[101]苏伟．我国低碳发展战略和政策行动[J]. 环境保护,2014,42(22):23-24.

[102]Kennedy C, Steinberger J, Gasson B, et al. Greenhouse gas emissions from global cities [J]. Environmental Science & Technology, 2015, 43(19):7297-302.

[103]连玉明,王波．基于城市价值的中国低碳城市发展模式[J]. 技术经济与管理研究,2012(5):90-95.

[104]王璟珉,居岩岩,魏东．低碳经济研究学术报告(2012)[J]. 山东大学学报(哲学社会科学版),2013(04):30-44.

[105]顾朝林,谭纵波,刘志林,等．基于低碳理念的城市规划研究框架[J]. 城市与区域规划研究,2010,3(2):23-42.

[106]朱霞,路正南．基于 DPSIR 模型的低碳城市发展评价研究——以江苏省为例[J]. 技术经济与管理研究,2013(1):115-118.

[107]路超君,秦耀辰,张金萍．低碳城市发展阶段划分与特征分析[J]. 城市发展研究,2014,21(8):12-16.

[108]赵先超．城市低碳发展与提升对策研究[D]. 长沙:湖南师范大学,2011.

[109]汪党献．水资源需求分析理论与方法研究[D]．北京：中国水利水电科学研究院，2002.
[110]李献士，侯瑞山，丁欣．我国水资源现状与可持续利用对策研究[J]．当代经济管理，2007，29(6)：66-69.
[111]张吉辉．基于水足迹的区域广义水资源动态协调与控制[D]．天津：天津大学，2012.
[112]董辅祥，董欣东．城市与工业节约用水理论[M]．北京：中国建筑工业出版社，2000.
[113]李政，付峰，麻林巍，等．基于能源平衡表的中国能流图[J]．中国能源，2006，28(9)：5-10.
[114]宋远，张博．基于能流图分析的黑龙江省新能源发展策略选择[J]．中国集体经济，2012(30)：39-40.
[115]田光明．情景分析法[J]．晋图学刊，2008(3)：7-9.
[116]付加锋，刘小敏．基于情景分析法的中国低碳经济研究框架与问题探索[J]．资源科学，2010，32(2)：205-210.
[117]张学才，郭瑞雪．情景分析方法综述[J]．理论月刊，2005(8)：125-126.
[118]Wang P, Wang C, Hu Y, et al. Analysis of energy consumption in Hunan Province(China)using a LMDI method based LEAP model[J]. Energy Procedia, 2017, 142: 3160-3169.
[119]Mondal M A H, Bryan E, Ringler C, et al. Ethiopian energy status and demand scenarios: Prospects to improve energy efficiency and mitigate GHG emissions[J]. Energy, 2018, 149: 161-172.
[120]García-Gusano D, Suárez-Botero J, Dufour J. Long-term modelling and assessment of the energy-economy decoupling in Spain[J]. Energy, 2018, 151: 455-466.
[121]Aized T, Shahid M, Bhatti A A, et al. Energy security and renewable energy policy analysis of Pakistan[J]. Renewable & Sustainable Energy Reviews, 2017, 84: 155-169.
[122]Ockwell D G, Watson J, Mackerron G, et al. Key policy considerations for facilitating low carbon technology transfer to developing countries[J]. Energy Policy, 2008, 36(11): 4104-4115.
[123]Milicic A, Kadiri S E, Perales F, et al. Chapter 8-LEAP Use Cases[J]. Taking the Leap, 2016: 175-190.
[124]Wang J, Li L. Sustainable energy development scenario forecasting and energy saving policy analysis of China[J]. Renewable & Sustainable Energy Reviews, 2016, 58: 718-724.
[125]Heaps C, Lazarus M. LEAP long-range energy alternatives planning system user guide

for version 95. 0 download file[R]. 1997.

[126]Ates S A, Lund H, Kaiser M J. Energy efficiency and CO_2 mitigation potential of the Turkish iron and steel industry using the LEAP(long-range energy alternatives planning) system[J]. Energy, 2015, 90(3): 417-428.

[127]Amirnekooei K, Ardehali M M, Sadri A. Integrated resource planning for Iran: Development of reference energy system, forecast, and long-term energy-environment plan[J]. Energy, 2012, 46(1): 374-385.

[128]Wongsapai W, Ritkrerkkrai C, Pongthanaisawan J. Integrated Model for Energy and CO_2 Emissions analysis from Thailand's long-term low carbon energy efficiency and renewable energy plan[J]. Energy Procedia, 2016, 100: 492-495.

[129]和刚,吴泽宁,胡彩虹．基于定额定量分析的工业需水预测模型[J]. 水资源与水工程学报,2008,19(2):60-63.

[130]邹庆荣,刘秀丽．我国工业需水量预测模型研究及应用[J]. 数学的实践与认识,2015,45(13):96-103.

[131]常明旺．工业用水标准化及用水定额[M]. 北京:中国标准出版社,2008.

[132]葛孟尧,赵先贵,余册册．基于水足迹理论的云南省 2000—2013 年水资源评价[J]. 江西农业学报,2017,29(4):101-105.

[133]王玉潜．能源消耗强度变动的因素分析方法及其应用[J]. 数量经济技术经济研究,2003(8):151-154.

[134]郭慧,杜琳琳,华赍．我国能源形势分析及其解决对策[J]. 广东化工,2005,32(6):1-3.

[135]薄文广,陈飞．京津冀协同发展:挑战与困境[J]. 南开学报(哲学社会科学版),2015(1):110-118.

[136]魏后凯．推进雄安新区建设的若干战略问题[J]. 经济学动态,2017(7):10-12.

[137]Knudsen D C. Shift-share analysis: Further examination of models for the description of economic change[J]. Socio-Economic Planning Sciences, 2005, 34(3): 177-198.

[138]Barff R A, Knightiii P L. Dynamic shift-share analysis[J]. Growth & Change, 2010, 19(2): 1-10.

[139]Wu J A, Zhao X. Application of the spatial shift-share analysis[J]. Statistical Research, 2009, 26(4): 73-79.

[140]Page G W, Patton C V. Chapter 9- Shift-Share Analysis[R]. Quick Answers to Quantitative Problems, 1991: 99-103.

[141]国家统计局工业交通统计司．中国能源统计年鉴(2012)[M]. 北京:中国统计出版

社,2013.

[142]国家统计局工业交通统计司．中国能源统计年鉴(2016)[M]. 北京:中国统计出版社,2017.

[143]彭彬彬．天津市道路交通部门节能减排的LEAP模型与政策分析[D]. 天津:天津大学,2014.

[144]朱松丽,蔡博峰,朱建华,等．IPCC国家温室气体清单指南精细化的主要内容和启示[J]. 气候变化研究进展,2018(1):86-94.

[145]河北省人民政府．河北经济年鉴(2016)[M]. 北京:中国统计出版社,2017.

[146]王红瑞,赵玉霞,蔡越虹,等．人口、能源消费、经济发展对环境影响的定量分析[J]. 北京师范大学学报(自然科学版),1999,35(1):123-126.

[147]Hanif I. Economics-Energy-Environment Nexus in Latin America and the Caribbean [J]. Energy,2017,141:170-178.

[148]Bakirtas T,Akpolat A G. The Relationship between Energy Consumption,Urbanization,and Economic Growth in New Emerging-Market Countries[J]. Energy,2018,147:110-121.

[149]赵克志．加快推进新型城镇化与城乡统筹示范区建设[J]. 学习与研究,2015(12):17-24.

[150]王尔德．京津冀提出能源发展“八大协同”[J]. 党政干部参考,2017(23):F0003.

[151]张兵兵．中国用水结构优化研究[D]. 杭州:浙江大学,2017.

附　录

附表-1　河北省能源流动情况表(2015)

Attached Table-1　Energy Balance of Hebei Province(2015)

项目	原煤（万 t）	洗精煤（万 t）	其他洗煤（万 t）	型煤（万 t）	煤矸石（万 t）	焦炭（万 t）	焦炉煤气（亿 m^3）
一、可供本地区消费的能源量	21529.33	688.08	−539.42	−41.50	—	2184.69	—
1. 一次能源生产量	5312.28	—	—	—	—	—	—
2. 外省(区、市)调入量	16103.96	290.52	—	—	—	2507.05	—
3. 进口量	—	486.48	401.60	—	—	—	—
4. 境内轮船和飞机在境外的加油量	—	—	—	—	—	—	—
5. 本省（区、市）调出量（一）	—	—	910.43	—	—	286.92	—
6. 出口量(一)	—	23.95	50.38	—	—	32.87	—

续表

项目	原煤 （万 t）	洗精煤 （万 t）	其他洗煤 （万 t）	型煤 （万 t）	煤矸石 （万 t）	焦炭 （万 t）	焦炉煤气 （亿 m^3）
7. 境外轮船和飞机在境内的加油量（一）	—	—	—	—	—	—	—
8. 库存增（一）、减（十）量	113.09	−64.97	19.78	−41.50	—	−2.56	—
二、加工转换投入（一）产出（十）量	−15787.88	−160.76	556.34	221.72	2.89	5320.79	618.42
1. 火力发电	−6145.29	—	−19.68	—	−38.62	—	−122.25
2. 供热	−1228.47	—	−12.68	—	−13.50	—	−11.12
3. 洗选煤	−7933.62	6176.24	588.70	—	55.00	—	—
4. 炼焦	−256.63	−6337.00	—	—		5320.79	751.78
5. 炼油及煤制油	—	—	—	—	—	—	—
＃油品再投入量（一）	—	—	—	—	—	—	—
6. 制气	—	—	—	—	—	—	—
＃焦炭再投入量（一）	—	—	—	—	—	—	—
7. 天然气液化	—	—	—	—	—	—	—
8. 煤制品加工	−223.88	—	—	221.72	—	—	—
9. 回收能	—	—	—	—	—	—	—
三、损失量	—	—	—	—	—	—	—
四、终端消费量	5741.45	527.32	16.92	180.22	2.89	7505.47	618.42
1. 农、林、牧、渔业	94.00	—	—	—	—	2.00	—
2. 工业	4320.89	527.32	16.92	78.05	2.89	7503.47	565.03

续表

项目	原煤（万 t）	洗精煤（万 t）	其他洗煤（万 t）	型煤（万 t）	煤矸石（万 t）	焦炭（万 t）	焦炉煤气（亿 m^3）
#用作原料、材料	182.98	29.53	0.13	0.31	—	27.66	7.62
3. 建筑业	9.16	—	—	—	—	—	—
4. 交通运输、仓储和邮政业	21.56	—	—	—	—	—	—
5. 批发、零售业和住宿、餐饮业	72.34	—	—	2.64	—	—	20.21
6. 其他	130.65	—	—	—	—	—	—
7. 生活消费	1092.83	—	—	99.53	—	—	33.17
城镇	220.68	—	—	17.95	—	—	20.27
乡村	872.15	—	—	81.59	—	—	12.90
五、平衡差额	—	—	—	—	—	—	—
六、消费量合计	21529.33	6864.32	49.28	180.22	55.00	7505.47	751.78

附表-2　河北省能源流动情况表(2015)

Attached Table-2　Energy Balance of Hebei Province(2015)

项目	高炉煤气（亿 m^3）	转炉煤气（亿 m^3）	其他煤气（亿 m^3）	其他焦化产品（万 t）	油品合计（万 t）	原油（万 t）	汽油（万 t）	煤油（万 t）
一、可供本地区消费的能源量	—	—	35.5938	−256.43	—	2381.22	62.52	−52.84
1. 一次能源生产量	—	—	—	—	—	828.73	—	—

续表

项目	高炉煤气（亿 m^3）	转炉煤气（亿 m^3）	其他煤气（亿 m^3）	其他焦化产品（万 t）	油品合计（万 t）	原油（万 t）	汽油（万 t）	煤油（万 t）
2. 外省（区、市）调入量	—	—	35.5938	—	—	276.28	222.87	—
3. 进口量	—	—	—	—	—	1393.33	—	—
4. 境内轮船和飞机在境外的加油量	—	—	—	—	—	—	—	—
5. 本省（区、市）调出量（—）	—	—	—	258.48	—	—	150.41	52.50
6. 出口量（—）	—	—	—	—	—	113.00	—	—
7. 境外轮船和飞机在境内的加油量（—）	—	—	—	—	—	—	—	—
8. 库存增（—）、减（+）量	—	—	—	2.05	—	−4.11	−9.95	−0.34
二、加工转换投入（—）产出（+）量	1746.48	460.06	—	478.17	—	−2339.56	636.87	64.96
1. 火力发电	−758.14	−209.60	—	—	—	—	—	—
2. 供热	−264.70	−17.15	—	—	—	—	—	—
3. 洗选煤	—	—	—	—	—	—	—	—
4. 炼焦	—	—	—	478.17	—	—	—	—
5. 炼油及煤制油	—	—	—	—	—	−2339.56	636.87	64.96
#油品再投入量（—）	—	—	—	—	—	—	—	—
6. 制气	—	—	—	—	—	—	—	—
#焦炭再投入量（—）	—	—	—	—	—	—	—	—

续表

项目	高炉煤气（亿 m^3）	转炉煤气（亿 m^3）	其他煤气（亿 m^3）	其他焦化产品（万 t）	油品合计（万 t）	原油（万 t）	汽油（万 t）	煤油（万 t）
7. 天然气液化	—	—	—	—	—	—	—	—
8. 煤制品加工	—	—	—	—	—	—	—	—
9. 回收能	2769.31	686.81	—	—	—	—	—	—
三、损失量	—	—	—	—	—	19.29	—	—
四、终端消费量	1746.48	460.06	35.5938	221.74	—	22.37	699.39	12.12
1. 农、林、牧、渔业	—	—	—	—	—	—	76.59	1.18
2. 工业	1746.48	460.06	0.2856	221.74	—	22.37	45.27	0.90
#用作原料、材料	—	—	—	103.52	—	—	5.36	0.01
3. 建筑业	—	—	—	—	—	—	32.71	0.54
4. 交通运输、仓储和邮政业	—	—	—	—	—	—	107.19	7.24
5. 批发、零售业和住宿、餐饮业	—	—	—	—	—	—	15.41	0.69
6. 其他	—	—	—	—	—	—	103.19	1.57
7. 生活消费	—	—	35.3082	—	—	—	319.03	—
城镇	—	—	19.0643	—	—	—	202.86	—
乡村	—	—	16.244	—	—	—	116.17	—
五、平衡差额	—	—	—	—	—	—	—	—
六、消费量合计	2769.31	686.81	35.5938	221.74	—	2381.22	699.39	12.12

附表-3　河北省能源流动情况表(2015)

Attached Table-3　Energy Balance of Hebei Province(2015)

项目	柴油（万 t）	燃料油（万 t）	石脑油（万 t）	润滑油（万 t）	石蜡（万 t）	溶剂油（万 t）	石油沥青（万 t）	石油焦（万 t）
一、可供本地区消费的能源量	366.30	−101.83	−89.04	−4.07	—	0.48	−0.23	−0.19
1. 一次能源生产量	—	—	—	—	—	—	—	—
2. 外省(区、市)调入量	434.80	628.56	—	—	—	0.51	—	—
3. 进口量	—	40.79	—	—	—	—	—	—
4. 境内轮船和飞机在境外的加油量	—	—	—	—	—	—	—	—
5. 本省(区、市)调出量(−)	44.24	708.01	87.48	3.54	—	—	—	—
6. 出口量(−)	—	43.46	—	—	—	—	—	—
7. 境外轮船和飞机在境内的加油量(−)	—	—	—	—	—	—	—	—
8. 库存增(−)、减(+)量	−24.26	−19.70	−1.56	−0.53	—	0.03	−0.23	−0.19
二、加工转换投入(−)产出(+)量	722.90	172.20	89.09	4.34	—	—	82.36	67.57
1. 火力发电	−2.20	−0.03	—	—	—	—	—	—
2. 供热	−0.23	−1.11	—	—	—	—	—	—
3. 洗选煤	—	—	—	—	—	—	—	—
4. 炼焦	—	—	—	—	—	—	—	—
5. 炼油及煤制油	725.33	175.73	89.45	8.14	—	—	82.36	67.57

续表

项目	柴油（万 t）	燃料油（万 t）	石脑油（万 t）	润滑油（万 t）	石蜡（万 t）	溶剂油（万 t）	石油沥青（万 t）	石油焦（万 t）
＃油品再投入量(一)	—	−2.39	−0.36	−3.80	—	—	—	—
6. 制气	—	—	—	—	—	—	—	—
＃焦炭再投入量(一)	—	—	—	—	—	—	—	—
7. 天然气液化	—	—	—	—	—	—	—	—
8. 煤制品加工	—	—	—	—	—	—	—	—
9. 回收能	—	—	—	—	—	—	—	—
三、损失量	—	—	—	—	—	—	—	—
四、终端消费量	1089.20	70.37	0.05	0.27	—	0.48	82.13	67.39
1. 农、林、牧、渔业	143.93	1.94	—	—	—	—	—	—
2. 工业	94.93	37.49	0.05	0.27	—	0.48	2.91	2.39
＃用作原料、材料	5.35	—	—	0.01	—	0.23	0.01	0.01
3. 建筑业	48.38	6.51	—	—	—	—	79.22	64.99
4. 交通运输、仓储和邮政业	567.57	22.40	—	—	—	—	—	—
5. 批发、零售业和住宿、餐饮业	22.00	0.71	—	—	—	—	—	—
6. 其他	77.04	1.31	—	—	—	—	—	—
7. 生活消费	135.35	—	—	—	—	—	—	—
城镇	51.63	—	—	—	—	—	—	—
乡村	83.72	—	—	—	—	—	—	—
五、平衡差额	—	—	—	—	—	—	—	—
六、消费量合计	1091.63	73.90	0.41	4.07	—	0.48	82.13	67.39

附表-4 河北省能源流动情况表 2015

Attached Table-4 Energy Balance of Hebei Province 2015

项目	液化石油气（万 t）	炼厂干气（万 t）	其他石油制品（万 t）	天然气（亿 m^3）	液化天然气（万 t）	热力（万百万千焦）	电力（亿 kWh）	其他能源（万吨标煤）
一、可供本地区消费的能源量	−43.70	−0.79	−108.64	961.06	8.99	—	1090.07	—
1. 一次能源生产量	—	—	—	138.72	—	—	252.72	—
2. 外省（区、市）调入量	5.31	—	—	823.00	9.39	—	837.35	—
3. 进口量	282.38	—	41.45	—	—	—	—	—
4. 境内轮船和飞机在境外的加油量	—	—	—	—	—	—	—	—
5. 本省（区、市）调出量（−）	330.14	0.79	104.54	—	—	—	—	—
6. 出口量（−）	—	—	43.96	—	—	—	—	—
7. 境外轮船和飞机在境内的加油量（−）	—	—	—	—	—	—	—	—
8. 库存增（−）、减（+）量	−1.25	—	−1.60	−0.67	−0.40	—	—	—
二、加工转换投入（−）产出（+）量	197.85	61.58	181.02	−38.17	15.67	1289.53	2812.81	62.08
1. 火力发电	—	−1.05	−2.45	−3.06	—	−151.79	2812.81	−86.73
2. 供热	—	−7.37	−0.15	−18.62	—	1150.72	—	−5.13
3. 洗选煤	—	—	—	—	—	—	—	—
4. 炼焦	—	—	—	—	—	—	—	—
5. 炼油及煤制油	197.85	79.12	352.73	—	—	—	—	—

续表

项目	液化石油气（万 t）	炼厂干气（万 t）	其他石油制品（万 t）	天然气（亿 m^3）	液化天然气（万 t）	热力（万百万千焦）	电力（亿 kwh）	其他能源（万吨标煤）
＃油品再投入量(一)	—	−9.11	−169.11	—	—	—	—	—
6. 制气	—	—	—	—	—	—	—	—
＃焦炭再投入量(一)	—	—	—	—	—	—	—	—
7. 天然气液化	—	—	—	−16.49	15.67	—	—	—
8. 煤制品加工	—	—	—	—	—	—	—	—
9. 回收能	—	—	—	—	—	290.59	—	153.94
三、损失量	—	—	—	—	—	—	239.02	—
四、终端消费量	154.15	60.80	72.38	922.89	24.66	1289.53	3663.87	62.08
1. 农、林、牧、渔业	1.08	—	—	9.18	—	3.23	121.07	—
2. 工业	1.90	60.80	72.38	495.16	1.88	782.38	2587.89	62.08
＃用作原料、材料	0.03	0.08	32.38	22.74	0.23	—	—	—
3. 建筑业	1.95	—	—	15.56	—	2.33	39.72	—
4. 交通运输、仓储和邮政业	0.79	—	—	51.87	22.78	18.83	107.60	—
5. 批发、零售业和住宿、餐饮业	22.10	—	—	103.61	—	72.58	151.56	—
6. 其他	10.82	—	—	87.91	—	141.95	199.18	—
7. 生活消费	115.51	—	—	159.60	—	268.23	456.84	—
城镇	58.13	—	—	146.30	—	268.23	179.78	—
乡村	57.38	—	—	13.30	—	—	277.07	—
五、平衡差额	—	—	—	—	—	—	—	—
六、消费量合计	154.15	78.33	244.09	944.70	24.66	1441.32	3902.89	153.94

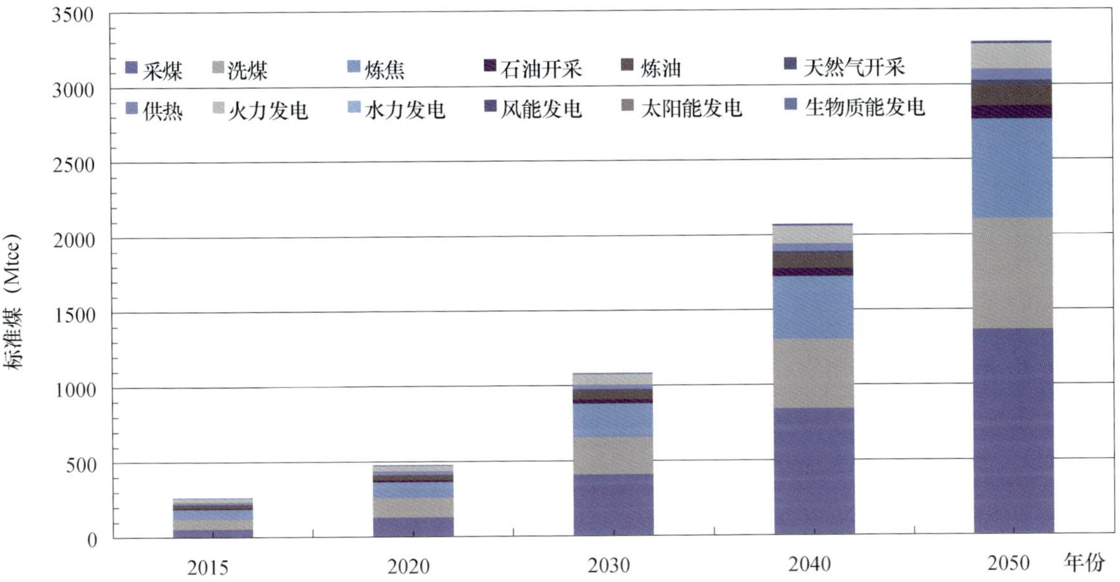

图 6-2　REF 情景下能源生产和加工转换各部门产量

Figure 6-2　The energy production in REF

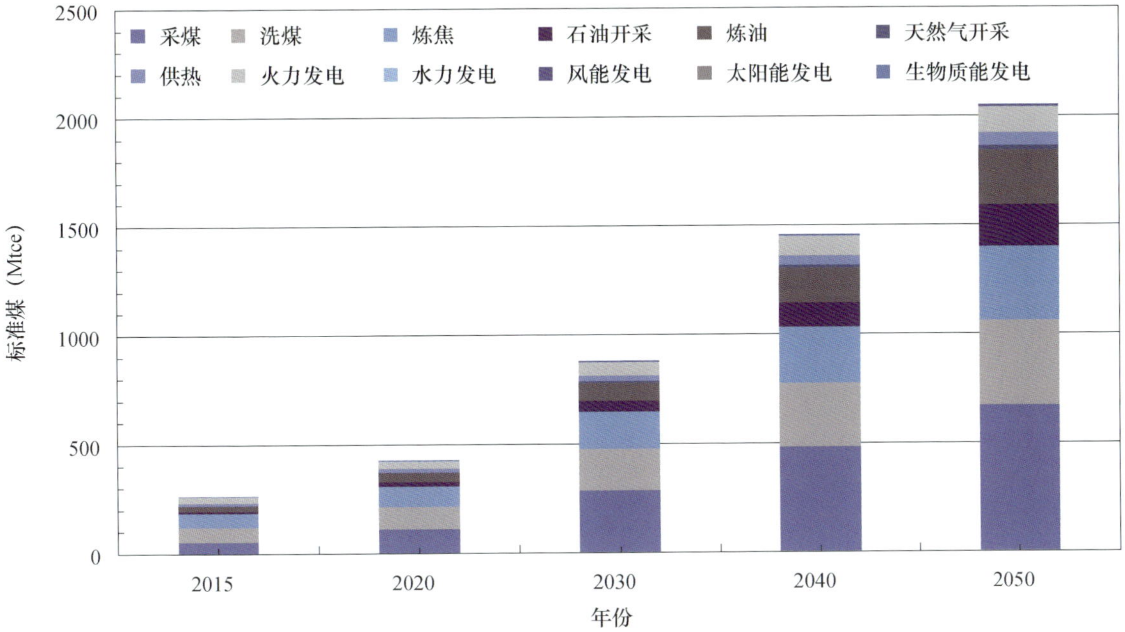

图 6-3　ISO 情景下能源生产和加工转换各部门产量

Figure 6-3　The energy production in ISO

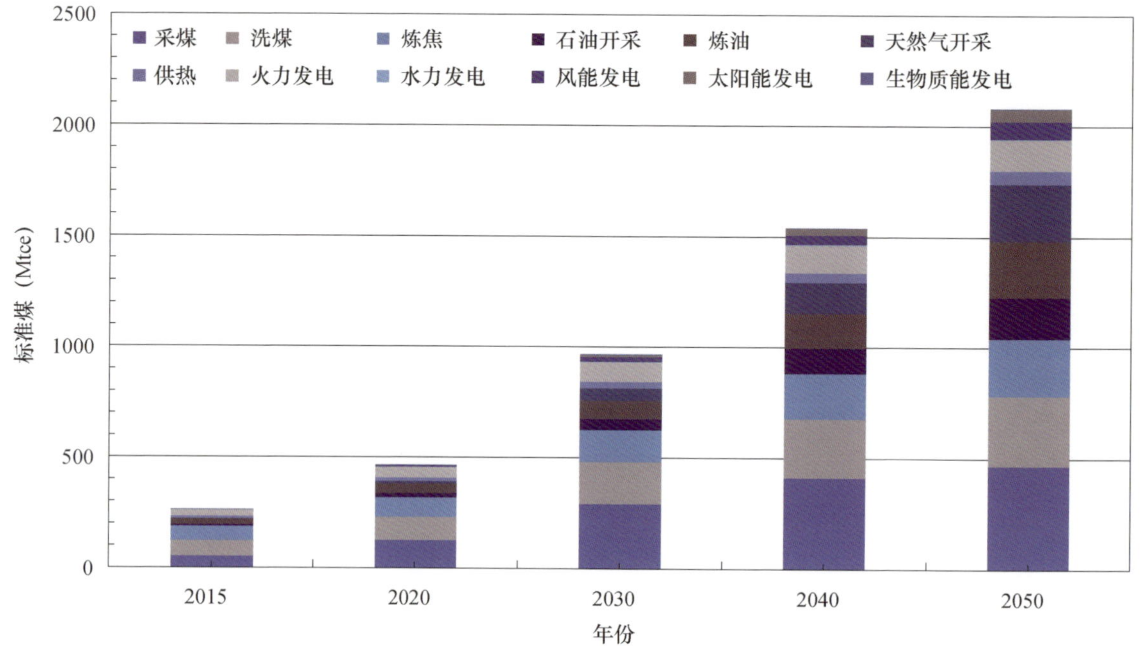

图 6-4　TSO 情景下能源生产和加工转换各部门产量

Figure 6-4　The energy production in TSO

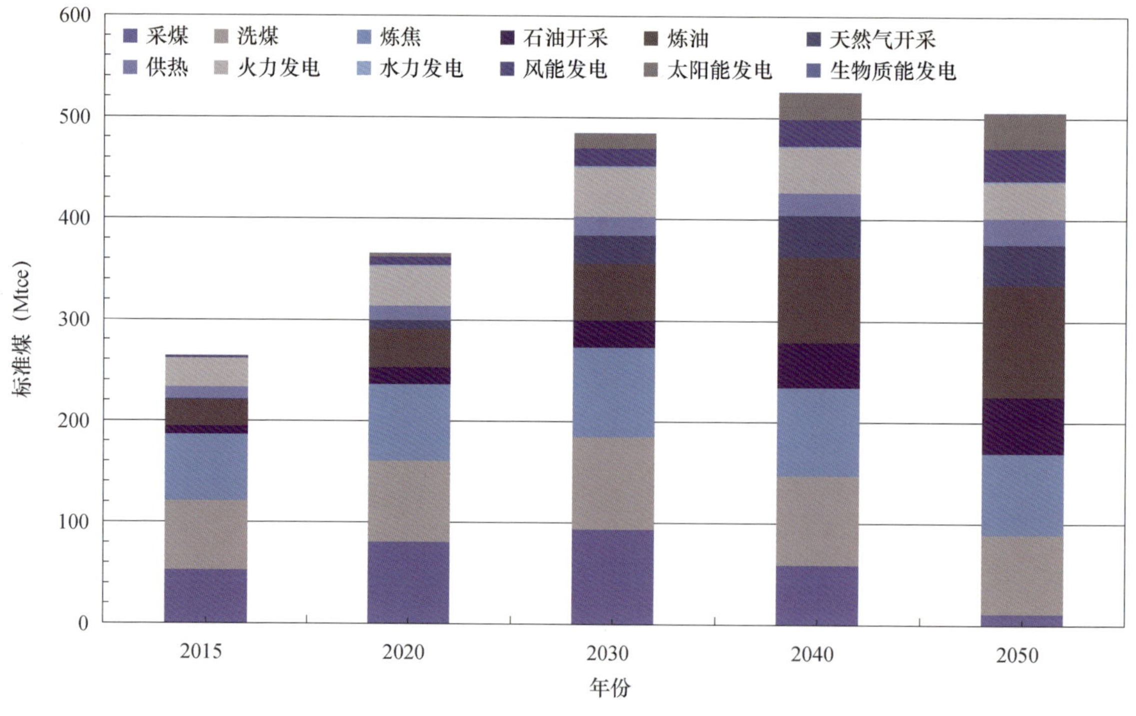

图 6-5　LCD 情景能源生产和加工转换各部门产量

Figure 6-5　The energy production in LCD

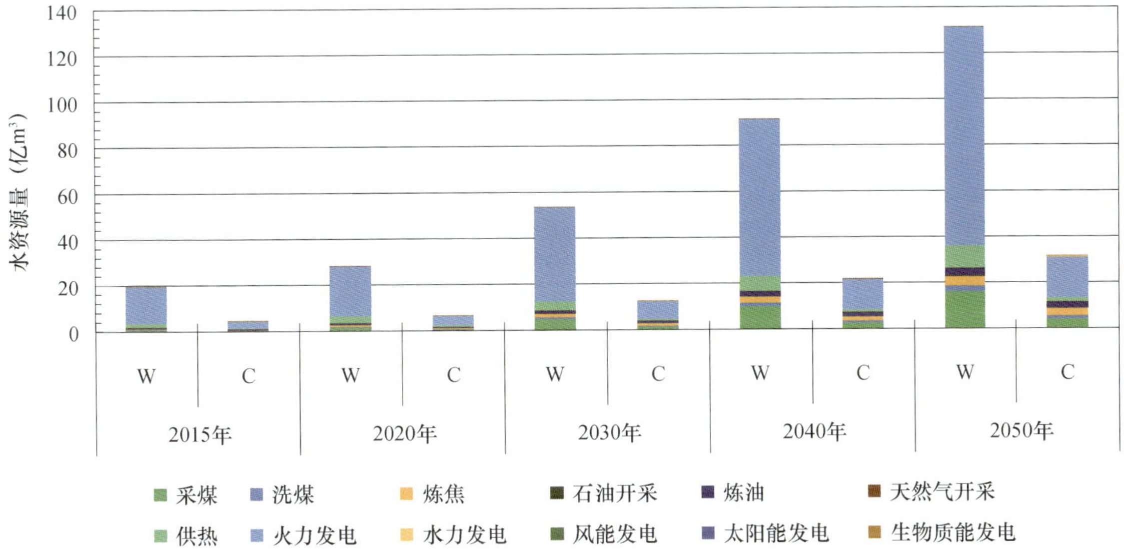

图 6-6 REF 情景下能源取水量和耗水量变化趋势（W 表示取水量，C 表示耗水量，余同）

Figure 6-6 The water withdrawal and consumption of the energy in REF

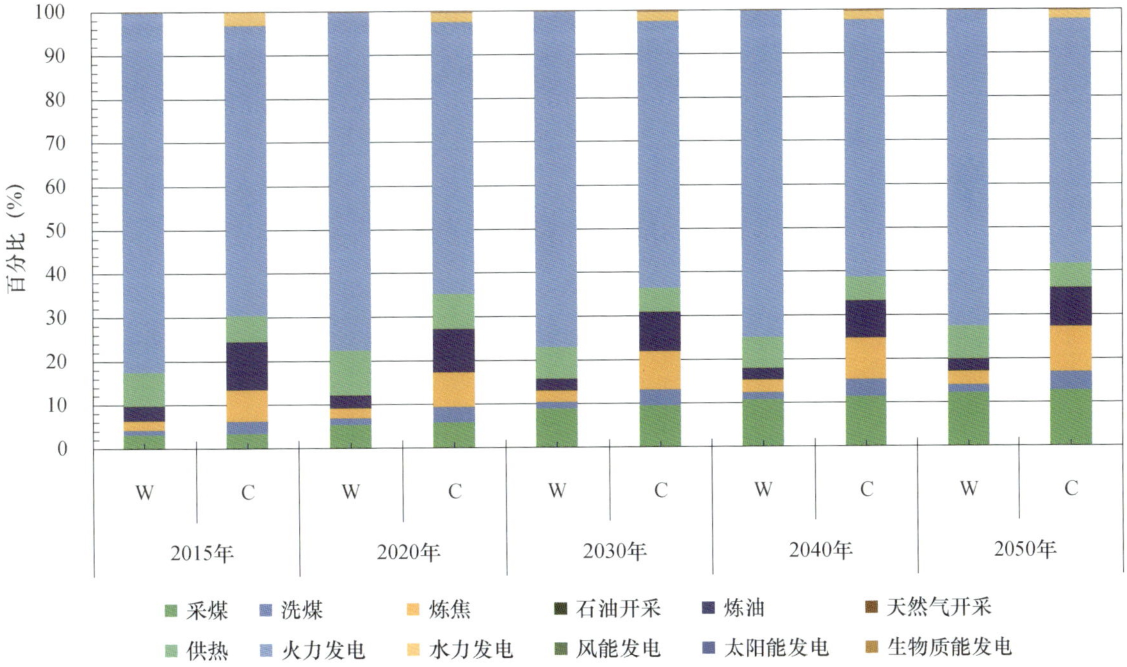

图 6-7 REF 情景下各产业取水和耗水量百分比

Figure 6-7 The water withdrawal and consumption percentage of the energy by industry in REF

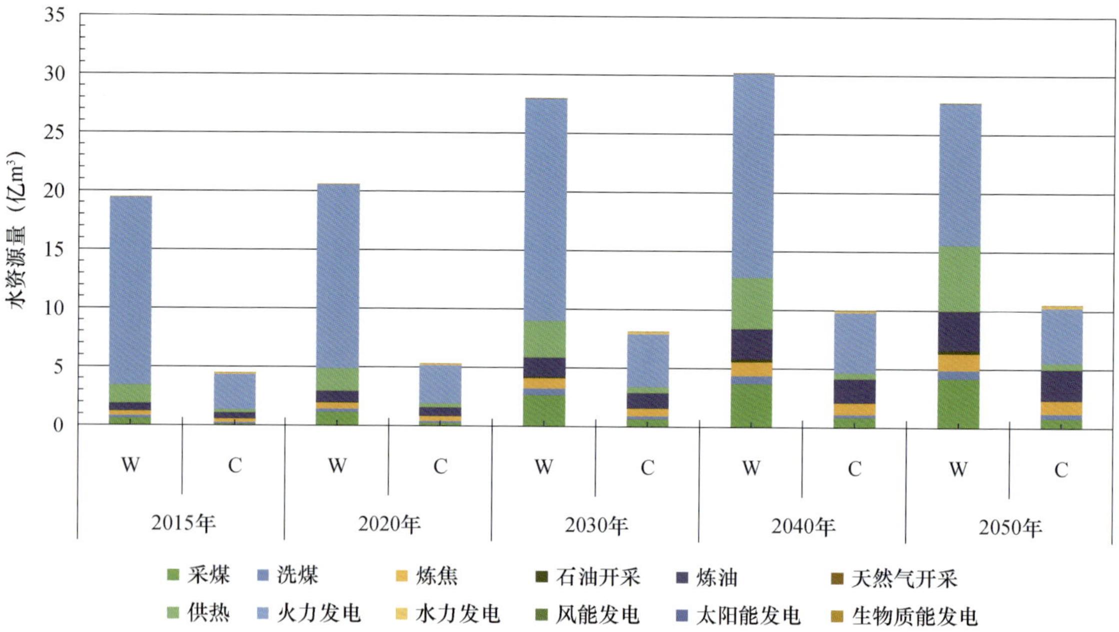

图 6-8　ISO 情景下能源取水量和耗水量变化趋势

Figure 6-8　The water withdrawal and consumption of the energy in ISO

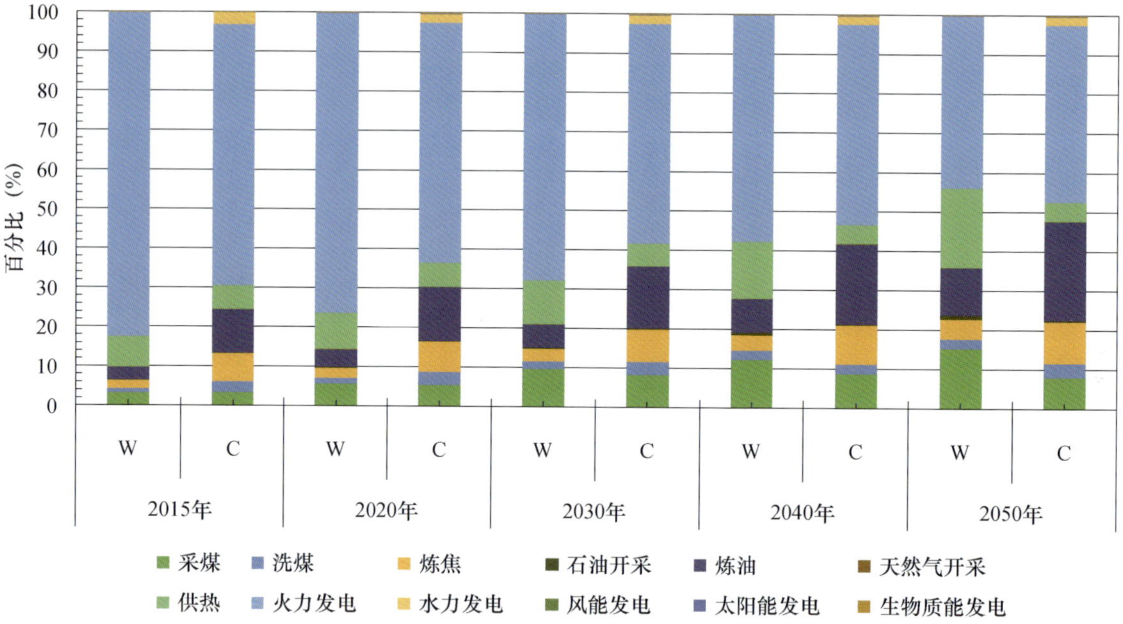

图 6-9　ISO 情景下各产业取水和耗水量百分比

Figure 6-9　The water withdrawal and consumption percentage of the energy by industry in ISO

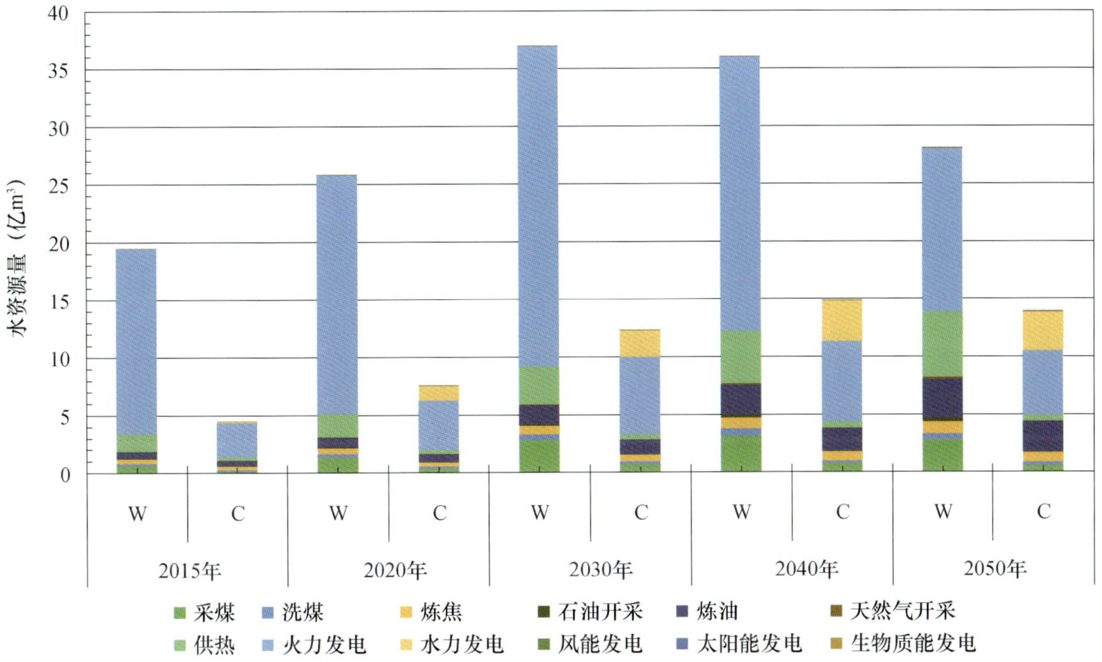

图 6-10 TSO情景下能源取水量和耗水量变化趋势

Figure 6-10 The water withdrawal and consumption of the energy in TSO

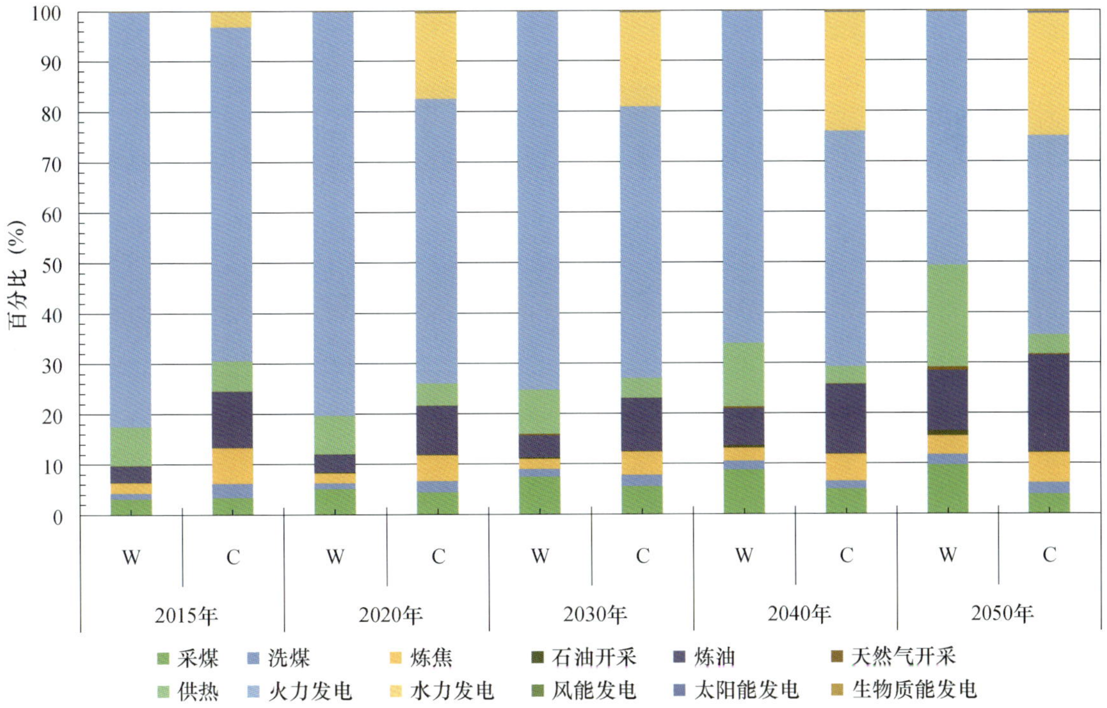

图 6-11 TSO情景下各产业取水和耗水量百分比

Figure 6-11 The water withdrawal and consumption percentage of the energy by industry in TSO

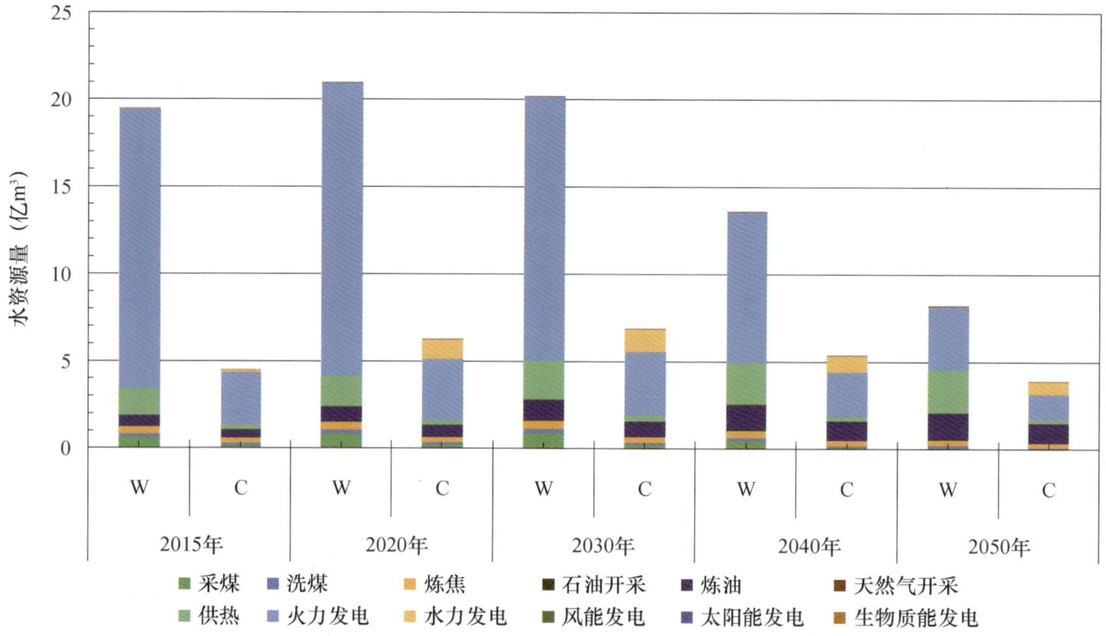

图 6-12　LCD 情景下能源取水量和耗水量变化趋势

Figure 6-12　The water withdrawal and consumption of the energy in LCD

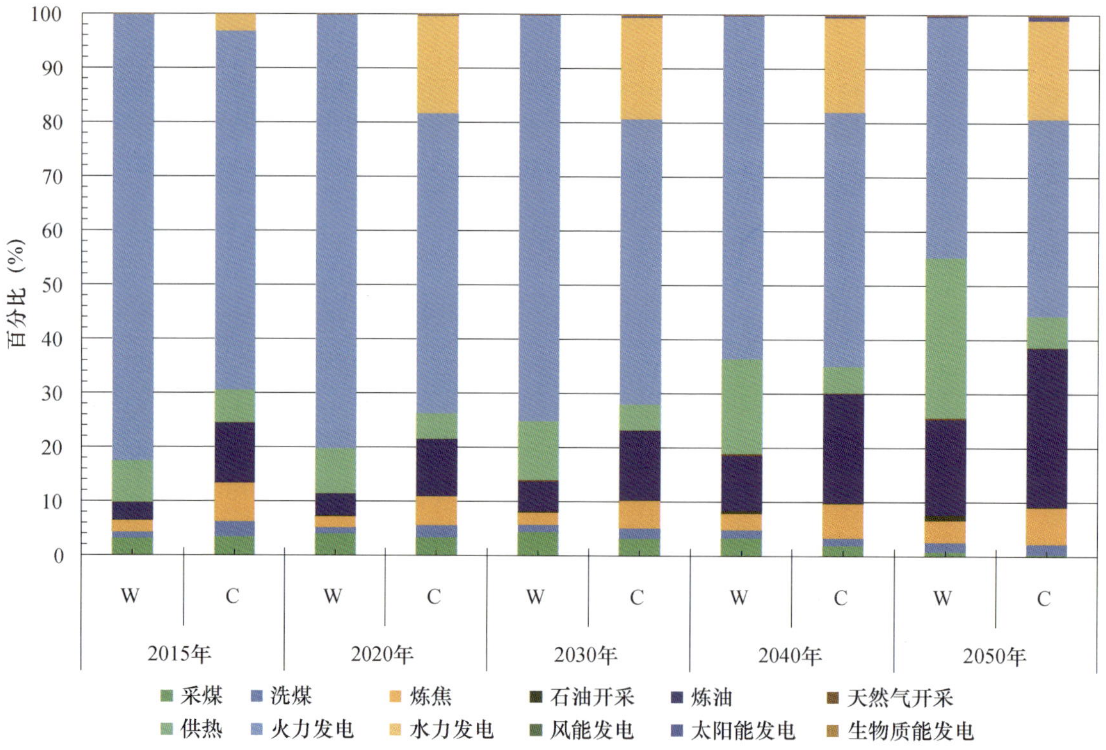

图 6-13　LCD 情景下各产业取水和耗水量百分比

Figure 6-13　The water withdrawal and consumption percentage of the energy by industry in LCD